Jutta Ströter-Bender (Hrsg.)

Kunstprojekte zu Natur und Wald

Zeichnen, Malen, Forschen und kreatives Gestalten

ab Klasse 5

Mit Kopiervorlagen

BRIGG Pädagogik

Gedruckt auf umweltbewusst gefertigtem, chlorfrei gebleichtem
und alterungsbeständigem Papier.

1. Auflage 2013
Nach den seit 2006 amtlich gültigen Regelungen der deutschen Rechtschreibung

ISBN 978-3-8481-**1026**-1 www.brigg-paedagogik.de

Inhalt

Das Reh: Ein Waldbewohner stellt sich vor

Von Eulen und Federn

Pilzkunde

Die Kunst der Naturbeschreibung

GEHEIMNISVOLLER WALD

Archäologische Spuren im Wald

Nächtliche Umrisse: Silhouetten im Wald

Die Eiche: Ein Mythos als Gegenstand der ästhetischen Forschung

Im Wald sind Räuber

Der Wald in der Filmkultur

Anhang

Vorwort

Im Juni 2011 wurden die „Alten Buchenwälder Deutschlands“ mit den fünf Teilgebieten Jasmund, Grumsin, Serrahn, Hainich und Kellerwald zum UNESCO-Weltnaturerbe erklärt. Das Weltnaturerbe der Menschheit eröffnet über geokulturelle regionale Räume, beispielsweise die vielfältigen Wälder im lokalen Umfeld, zahlreiche schulische Möglichkeiten von authentischen Erfahrungen und nachhaltigem Lernen.
In der Gegenwart sind jedoch die regionalen Landschaftsräume, ihre Pflanzenwelten, Tiere und der unmittelbare Naturkontakt mit allen widerständigen Erfahrungsspektren vielen Heranwachsenden nicht mehr direkt durch eigene Erfahrungen, Spiele und Wanderungen vertraut. Sie haben heute weniger Gelegenheit, die natürlichen Lebensräume von Wäldern, Feldern und den Blick auf die Vielfalt der regionalen Landschaftsräume, den Wechsel der Wiesen zu erkunden, mit allen Sinnen aufzunehmen und zu erleben. Dabei sind Jahreszeiten oder auch die meteorologischen Besonderheiten eine bedeutende Voraussetzung, sich zu „verorten“, lokale Identität zu entwickeln und damit auch mit dem Aufbau einer zukünftigen gesellschaftlichen Verantwortung und eines bürgerschaftlichen Engagements zu beginnen.
Welterbebildung, damit verbunden auch die Förderung eines Bewusstseins für den Naturerhalt, kann zugleich, mit Blick auf den Kunstunterricht und die mit ihm verbundenen ästhetischen Erfahrungen und produktiven Zugänge, neue Wege und Verbindungen ermöglichen.
In der Zeitgenössischen Kunst ist der Wald bereits seit einigen Jahren wieder ein hoch aktuelles Thema. Ebenso finden sich aus der Kunstgeschichte, dem immateriellen Kulturerbe aus Mythologie und Märchen, zahlreiche Anknüpfungspunkte für den Kunstunterricht, die mit eigenen Erfahrungen, Sehweisen, Forschungen und auch naturkundlichem Sachwissen verbunden werden können. Dazu braucht es keine aufwändigen Materialien, wie die vorliegenden Unterrichtskonzepte und Anregungen zum Weltnatur- und Kulturerbe Wald zeigen. Diese Unterrichtsanregungen sind durch die Mitarbeit von einem engagierten StudentInnen-Team und NachwuchswissenschaftlerInnen im Fach Kunst der Universität Paderborn in zahlreichen Projekten entstanden. Ihnen sei für ihr Engagement und die kreative Begeisterung für das Projekt Wald gedankt. Ebenso gilt mein Dank meiner Studentischen Hilfskraft Corinna Pott, die sich der Betreuung der AutorInnen und des Lektorats angenommen hat.

Traditionelle Methoden des Kunstunterrichts, wie beispielsweise das Malen und Zeichnen nach der Natur, finden sich hier ebenso wie neue Konzepte mit ungewöhnlichen Materialien, welche die Förderung von kognitiven Fähigkeiten und sowohl deren ästhetische

Katrin Thiessen: Waldrand, 2010, Aquarell, 20 x 15 cm.

als auch die handwerkliche Umsetzung ermöglichen sollen. Die hier zusammengestellten Methoden und Arbeitsmaterialien können Wald-Exkursionen und Wanderungen vorbereiten und begleiten, aber auch einzelne Themenstellungen zum Wald oder auch zu den Jahreszeiten vertiefen.
Ergänzend wird das Konzept eines Daily-Painting-(Internetgalerie-)Projektes zum Wald vorgestellt. Ein solches Projekt kann in besonderer Weise die Kenntnis der Region vertiefen, das Schulprofil stärken und zugleich die Sehweisen der Schülerinnen und Schüler in der Öffentlichkeit kommunizieren.

Die Herausgeberin
Jutta Ströter-Bender

Katrin Thiessen: Buchenwald (Ausschnitt), 2011, Aquarell, 24 x 15 cm

Guiseppe Penone: Über den Wald (1969)

Der italienische Künstler (geb. 1947) gestaltet ökologisch orientierte Skulpturen im Kontext der Arte-Povera-Bewegung und verfasst dazu Texte. „Erhebt euch, Bäume des Waldes, der Alleen, Gärten, Parks, Obstbäume, erhebt euch aus dem Holz, das ihr hervorgebracht habt, bringt uns euer Gedächtnis zurück, erzählt uns von euren Erlebnissen, euren Begegnungen und von den Jahreszeiten. Führt uns in den Wald zurück, in die Dunkelheit, in den Schatten, zum Duft des Unterholzes, zur wunderbaren Baumkathedrale. In den Stämmen eines wachsenden Waldes sehen wir Skulpturen in der Form eines Baums. In den vergangenen Jahrhunderten schützte das französische Forstrecht jene Bäume, aus denen Einzelteile für den Schiffsbau gewonnen werden sollten. […]

In den Holzwald eintreten ist wie eine Zeitreise in die Geschichte jedes einzelnen Baumes und jedes seiner Jahre. Die Langsamkeit, mit der sein Jahr sich erfüllt und enthüllt wird, erinnert an sein Wachstum. Je langsamer, desto reicher an Einzelheiten, kleinen Geschichten und Erkenntnissen über seine Existenz.

[…] diese von Sonnen-, Regen- und Frosttagen, von Begegnungen mit Insekten, Tieren und anderen lebenden Formen, von Unfällen, Misshandlungen, Einritzungen, Einschnitten, aber auch von den zärtlichen Berührungen anderer Pflanzen gezeichnete Geschichte."

(Zitiert aus: Guiseppe Penone (1969): Den Wald wiederholen, In: Ausst.-Katalog Guiseppe Penone: Die Adern des Steins. Kunstmuseum Bonn, 1997. S. 83–109)

(Foto: Jutta Ströter-Bender)

In Wald und Flur

Von Bäumen und Holz

(Katrin Thiessen)

Bäume zeichnen leicht gemacht

Darstellungen von Bäumen waren bei Künstlerinnen und Künstlern schon immer sehr beliebt. Auch wenn Bäume sehr komplex wirken, solltest du dich nicht davon entmutigen lassen, sie zu zeichnen. Im Folgenden wird erklärt, was zu beachten ist, damit das Zeichnen von Bäumen gelingt.

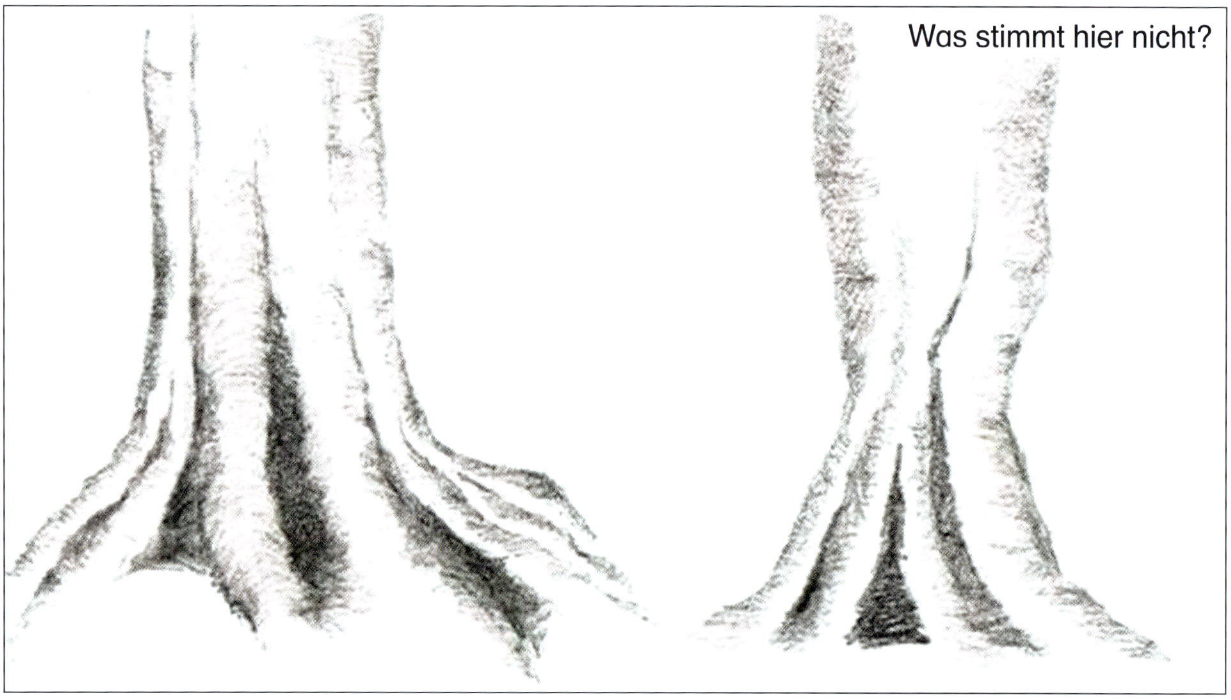

Bei der Zeichnung eines Baumes ist zu beachten, dass ein Ast dort am breitesten ist, wo er aus dem Stamm wächst. Je weiter er sich vom Stamm entfernt, desto schmaler wird er. Außerdem wachsen die Äste aus dem Stamm in einem steilen Winkel nach oben.

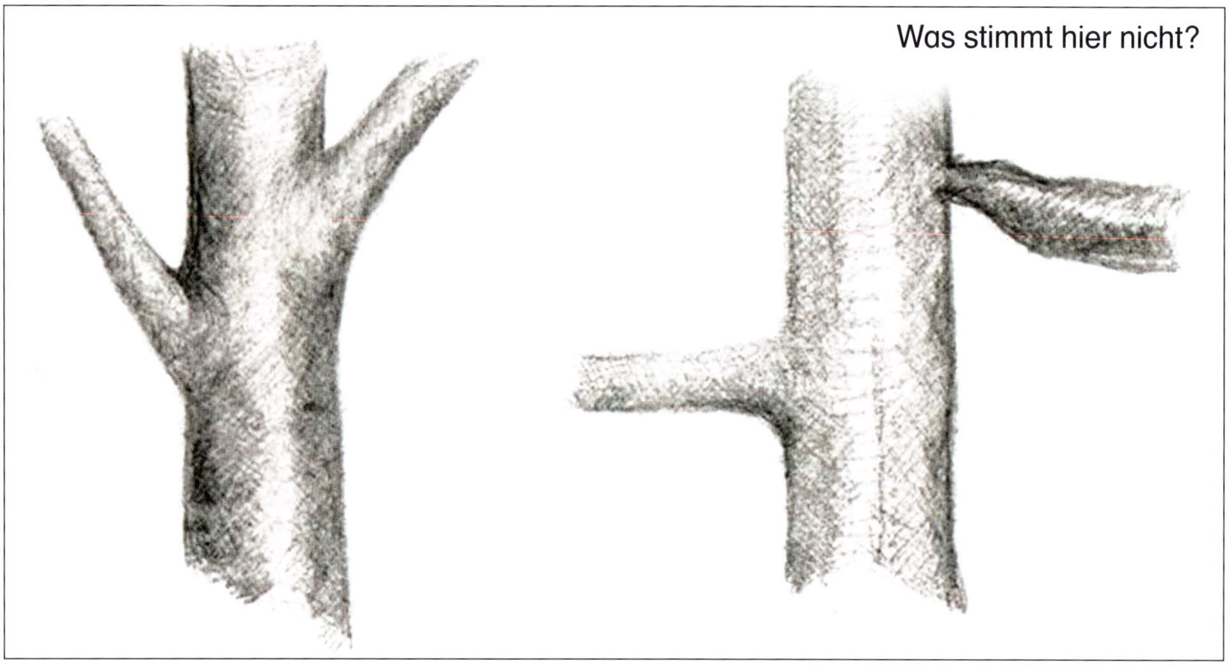

Bei einem Baumstamm ist die breiteste Stelle dort, wo er aus dem Boden wächst. Von dort aus wird der Stamm nach oben hin immer schmäler.

Eine große Anzahl von Bäumen sollte die Zeichnerin bzw. den Zeichner nicht abschrecken. Im Folgenden werden zwei Möglichkeiten gezeigt, wie eine Landschaftsdarstellung vereinfacht werden kann.

Wenn etwas sehr kompliziert und schwierig wirkt, wie z. B. eine Baumgruppe, dann konzentriert man sich am besten auf die Zwischenstellen: Manchmal ist es einfacher, nicht das Motiv zu zeichnen, sondern das, was um das Motiv herum ist.
Um eine Baumgruppe wie in der Zeichnung darzustellen, sollten zuerst die Baumstämme skizziert und anschließend die Zwischenräume schraffiert werden. Die Stellen zwischen den Stämmen haben unterschiedliche Abstände, dadurch wirkt das Motiv besonders interessant.

Diese Zeichnung ist dem Werk „Stoke by Nayland" von John Constable nachempfunden. Bei der Zeichnung ist das Blattwerk nicht im Detail ausgearbeitet und trotzdem eindeutig als solches zu erkennen.

Bäume malen leicht gemacht

(Katrin Thiessen)

Zeitaufwand: Ca. 2 Schulstunden

Wenn du einen Baum genau betrachtest, kannst du einen Stamm und unregelmäßig verdichtete Laubflächen ausmachen, zwischen einigen Laubflächen sind auch Äste zu erkennen.
Bei der malerischen Umsetzung genügt es, das Blattwerk nur teilweise auszuarbeiten. Um einen Eindruck von Räumlichkeit zu erreichen, verwendet man beim Blattwerk unterschiedliche Gelb-, Grün- und Blautöne.
Beim Aufbau der Äste sollte darauf geachtet werden, dass diese trotz Unterbrechungen durch die Laubflächen nachvollziehbar sind.

1. Im ersten Schritt wird mit verschiedenen Gelb- und Grüntönen gearbeitet. Solange das angelegte Motiv nass ist, werden Farbverläufe geschaffen.
   Unter Berücksichtigung der Lichtseite des Laubwerks, wird an den hellen Stellen mit dem Farbauftrag begonnen. Die Farben des Blattwerks werden zur Baumkrone hin heller gestaltet und die Äste stellenweise dargestellt.

2. Im zweiten Schritt wird eine weitere dunklere Schicht des Blattwerks angelegt.
   Der Baumstamm und die Äste werden deutlicher herausgearbeitet.

3. Im dritten Schritt werden einige Stellen betont. Man sollte sich trauen, dunkle Stellen im Baum herauszuarbeiten – dadurch entsteht ein stärkerer Ausdruck. Dabei ist es nicht notwendig, sich unbedingt an der Vorlage zu orientieren.

   Tipp: An den äußeren Rändern des Blattwerks kann im letzten Schritt die Farbe vom Pinsel gespritzt werden.

Blattwerk vor blauem Himmel malen

(Bilder Ariane Temme/ Text Corinna Pott)

Zeitaufwand: Ca. 2 Schulstunden

1. Mit unterschiedlichen Blautönen werden mit einem breiten Pinsel grobe Flächen auf den Malgrund gesetzt. Die Flächen können unterschiedliche Formen haben und müssen keine scharfen Umrisslinien aufweisen. Helle Flächen werden nochmals mit einem breiten Pinsel in hellem Blau übermalt. Es wird halbdeckend gearbeitet, sodass darunter liegende Flächen leicht durchscheinen.

2. Danach werden mit einem hellen Grün Flächen, Punkte und kurze Striche über die gesamte Malfläche verteilt. Dabei kann ruhig etwas „unordentlich" gearbeitet werden. Es soll weißer Malgrund stehen bleiben.

3. Mit einem dunklen Grün werden wieder Flächen, Punkte und Striche auf den Untergrund gesetzt. Diese müssen nicht ordentlich sein. Sie sollten aber halbdeckend gearbeitet werden, damit die vorherigen Flächen noch leicht durchscheinen.

4. Jetzt werden mit einem mittelbreiten Pinsel lange Pinselstriche (Braunton) über die Malfläche gezogen – die Äste. Dabei sollten die Pinselstriche in einem Zug halbdeckend gemalt werden. Aber es werden auch Knicke und Abzweigungen ausgearbeitet, um die Äste natürlicher wirken zu lassen. Im Anschluss werden mit einem mittleren Grün unterschiedlich große rundliche und ovale Flächen, in einem deckenden Farbauftrag, über die Bildfläche verteilt. Die Flächen werden teilweise auch über die Äste gesetzt. Es folgen im gleichen Verfahren Tupfen in einem hellen Gelbgrün.

5. Wenn die vorherigen Schichten gut getrocknet sind, wird mit einem sehr hellen Gelb (eine Mischung aus viel Weiß und wenig Gelb) eine Schicht über den rechten Bildbereich gezogen. Es wird in einem lasierenden Farbauftrag gearbeitet. Dazu wird die Farbe mit viel Wasser verdünnt.

6. Anschließend werden die weißen Flächen auf der linken Seite mit einem hellen Blau übermalt. Es wird halbdeckend gearbeitet. An einigen Stellen bleibt der weiße Untergrund stehen, d. h. nicht alle Flächen werden komplett zugemalt. Das Blau wird teilweise auch über die Äste und die Blätter gelegt.

7. Zum Schluss werden oben links einzelne größere Blätter mit einem sehr dunklen Grün, in deckendem Farbauftrag, auf die Bildfläche gesetzt. In einem halbdeckenden Auftrag werden mit dem gleichen Grün einzelne Bereiche in der Mitte des Bildes ausgearbeitet.

Das fertige Bild setzt sich aus den unterschiedlichen Schichten und Flächen zusammen. Die Licht- und Schattenwirkung wird dabei durch die Mischung von deckendem, halbdeckendem und lasierendem Farbauftrag erzielt. Die Raumwirkung entsteht durch die Farbigkeit. Im Hintergrund sind die Farben blasser als im Vordergrund, ebenso sind im Hintergrund die Formen weniger klar definiert.

Arbeitsblatt

Bäume erkennen

(Valérie Dezes und Marlon von Rüden)

Schneide die Abbildungen aus, benenne die Bäume und ordne Früchte und Blätter richtig zu. Schreibe auf, um welchen Baum es sich jeweils handelt und woran du diesen erkannt hast: Beschreibe, welche Formen und Strukturen die Blätter, die Früchte und die Bäume im Allgemeinen haben.

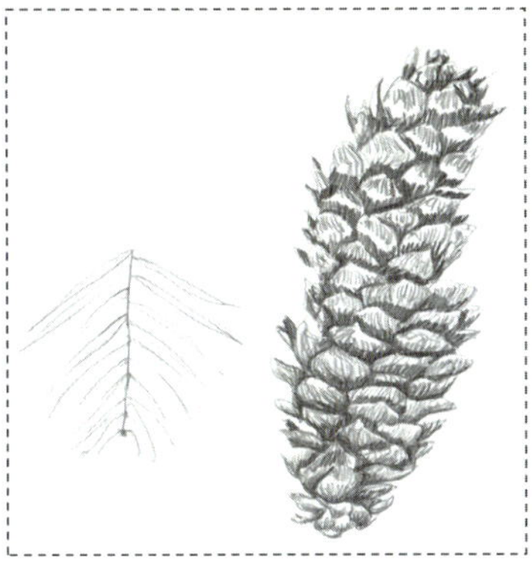

Lösung: Buche, Fichte, Linde, Eiche, Birke

Arbeitsblatt

Dem äußeren Rand der Form folgen – Naturgegenstände zeichnen

(Corinna Pott)

Dafür benötigst du folgendes Material:
Skizzenheft (mit Pergamentpapier), Grafit- und Bleistifte (verschiedene Stärken), Papierwischer, diverse Naturgegenstände (Blätter, Zweige, Fruchtkörper, Steine etc.)

1 Wähle einen Naturgegenstand, leg ihn vor dich und betrachte seine äußere Form genau. Nimm danach dein Zeichenmaterial und das selbstgemachte Skizzenheft zur Hand und schlage die letzte Seite auf.

2 Fertige auf dieser Seite eine schnelle Konturzeichnung von dem Gegenstand an: Schau während des Zeichnens nur auf den Gegenstand und nicht auf dein Blatt. Hebe deinen Stift nicht vom Papier ab, zeichne den Gegenstand in einer Linie/Kontur durch! Details spielen hier keine große Rolle!

3 Arbeite dich nun mit weiteren Skizzen von hinten nach vorne durch dein Heft. Verändere dazu beispielsweise die Position deines Gegenstandes, tausche ihn aus oder füge weitere hinzu. Da das Pergamentpapier leicht durchsichtig ist, gehen deine Zeichnungen eine Verbindung ein und können so zu neuen und interessanten Eindrücken führen!

Die Kontur
Als wichtige Funktion der Linie kann die Konturierung, das Umreißen einer Figur oder Form mit wenigen Linien bzw. (Pinsel)Strichen, bezeichnet werden. Um eine gegenständliche Darstellung, beispielsweise eines Baumes oder eines Blattes, anzufertigen, beginne am besten mit einer linearen Umrisszeichnung.

4 Die **tastende Linie** ist eine andere Form der Konturzeichnung.

Nimm dazu am besten einen weichen Bleistift mit abgestumpfter Mine. Lass deinen Blick ganz langsam über das Motiv wandern, während dein Stift ganz gemächlich, aber mit starkem Druck, seinen Weg über das Papier tastet. Versuche so wenige Linien wie möglich zu zeichnen und trotzdem die wesentlichen Bestandteile deines Motives zu erfassen.

Arbeitsblatt

Ein Skizzenheft selber basteln

(Corinna Pott)

Dafür benötigst du folgendes Material:
Pergamentpapier (DIN A4), ein Blatt Tonkarton (DIN A4), Cutter, schnittfeste Unterlage, dickerer Faden oder buntes Geschenkband

1 Nimm sechs Blatt Pergamentpapier, lege sie übereinander und falte sie einmal in der Mitte.

2 Falte den Tonkarton ebenfalls einmal in der Mitte und leg ihn unter die Pergamentseiten – er dient als Umschlag! Schneide mit einem Cutter drei Löcher in die Knickfalte, damit du dein Skizzenbuch binden kannst.

3 Schneide von dem Faden bzw. dem Geschenkband zwei Stücke à 10 cm ab und fädle sie von innen jeweils durch zwei der Löcher. Binde sie anschließend außen zusammen.

4 Gestalte den Umschlag deines Skizzenbuchs individuell zum Thema Wald. Deiner Kreativität sind keine Grenzen gesetzt!

Holzimitation

(Katrin Thiessen)

Mit der Technik der Holzimitation lassen sich unterschiedliche Holzarten täuschend echt darstellen. Dabei wird eine dreidimensionale, gemaserte Holzoberfläche auf einer glatten und ebenen Fläche simuliert.
Die Holzimitation ist ein Verfahren mit einer langen Tradition. Heute lässt sich nicht mehr zuverlässig zurückverfolgen, wo und wann diese Technik erfunden wurde. Jedoch sind in Ägypten und in der Zeit der römischen Antike Funde von dieser Art Holzmalerei gesichert worden. Besonders vertreten war die Technik in der Barockzeit. Holzmalereien aus dieser Epoche sind noch heute in Kirchen und Schlössern des Hochbarock zu bewundern.
Jede Holzart hat ihren eigenen unverwechselbaren Charakter, welcher bei der Holzimitation getroffen werden muss. Im Folgenden werden die Merkmale dargestellt, welche für alle Holzarten zutreffen.

Für die Holzimitation ist die Darstellung der wesentlichen Merkmale von Bedeutung, wie beispielsweise die Holzstruktur in Längs- und Querrichtung, die Einarbeitung von Astausbildungen und die Farbe des Holzes.

Bei den wesentlichen Merkmalen von Holz gibt es einige Gemeinsamkeiten, die bei allen Holzarten zu sehen sind:

- Jede Ader hat ihren logischen Anfang und ihr logisches Ende.
- Die Adern gehen nicht schräg nach außen.
- Die Adern verlaufen um die Biegung eines Astes herum.
- Die innenliegenden Adern weisen zueinander einen größeren Abstand auf, welcher nach außen hin enger wird.
- Im Inneren sind die Adern bewegter und außen ruhiger.
- Von der Hauptmaserung (Kern) zur Nebenader (Schlichtholz) sind weiche Übergänge erforderlich.

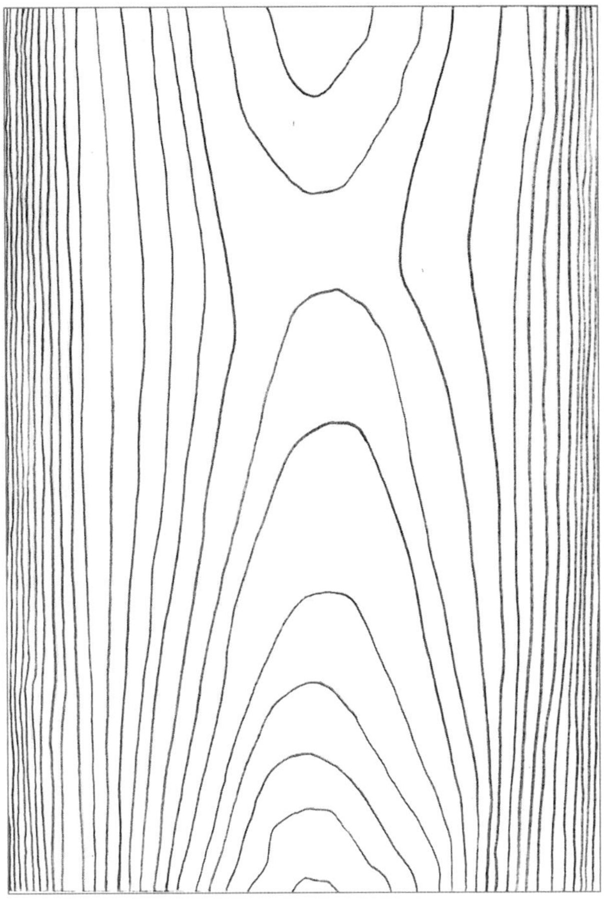

Die Abbildung dieser Grundform ist für die Darstellung jedes Kerns, vom einfachsten bis zum kompliziertesten, charakteristisch.
Hat man die Gesetzmäßigkeit verstanden, kann jegliches Holz in der Zeichnung korrekt dargestellt werden.

Die innenliegenden Jahresringe verlaufen alle in einer runden, geregelten Form um den Kern herum.
Die innenliegenden Adern weisen zueinander einen größeren Abstand auf und sind bewegter, die Adern nach außen hin sind enger und ruhiger.

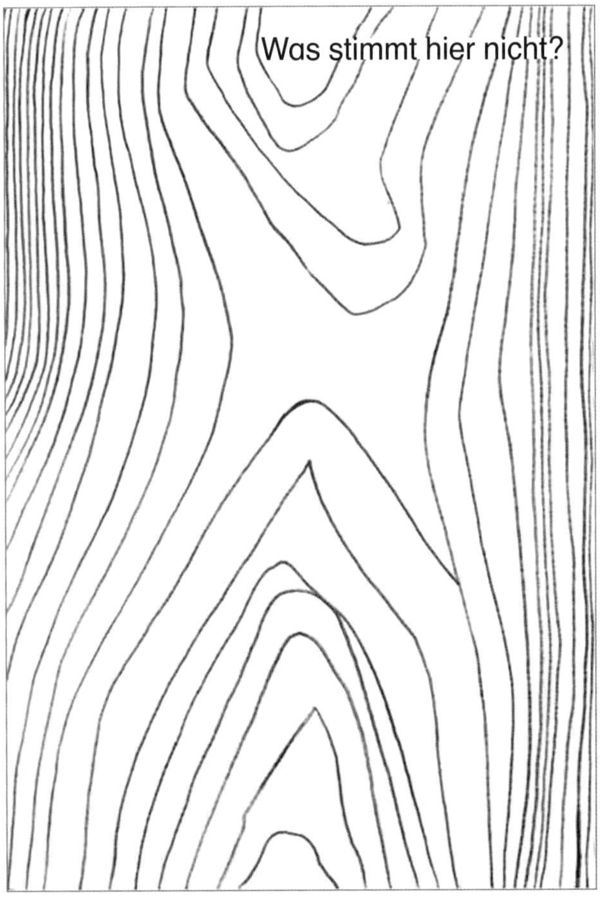

Der Aufbau der hier dargestellten Linienführung ist verfehlt, weil er den Gesetzmäßigkeiten des Wuchses nicht entspricht. Die Linienführung der Jahresringe ist willkürlich: Mal nach links, mal nach rechts, einige sind rund, andere spitz.
Eine Ader hat kein logisches Ende und überlappt folglich mit einer anderen Ader.
Die Adern in der rechten Bildhälfte weisen willkürlich mal einen breiteren Abstand auf, mal einen engeren.

Arbeitsblatt

Holzstrukturen imitieren

(Katrin Thiessen)

Dafür benötigst du folgendes Material:
Buntstifte, Farbkasten, Pinsel, Wasser

1 Probier doch einfach mal selbst, eine Holzstruktur zu imitieren. Mische zunächst einen hellen Braunton für den Untergrund an.

2 Trage die Farbe nun auf den Untergrund von oben nach unten auf. Danach muss dieser erst trocknen, bevor du fortfahren kannst.

3 Nun beginnst du mit der Zeichnung auf dem Untergrund, dabei kannst du dich an der Erklärung in den vorangegangenen Beispielen orientieren. Bei der Zeichnung solltest du sehr genau arbeiten und dir überlegen, wie das Endresultat aussehen soll. Ein späteres Korrigieren gestaltet sich sehr schwierig.

Tipp: Für die Vorzeichnung einen braunen Buntstift oder Aquarellstift verwenden und nicht zu stark aufdrücken.

4 Im letzten Schritt ziehst du die vorgezeichneten Adern mit Wasserfarbe nach. Verwende dafür viel Farbe und wenig Wasser.

Tipp: Bei den Adern ist ein feiner Pinsel eine große Hilfe.

Quellenverzeichnis

Abbildungen:

Seite 10	*Äste zeichnen,* 2011. Zeichnung. Eigenes Werk: Katrin Thiessen.
	Baumstamm zeichnen, 2011. Zeichnung. Eigenes Werk: Katrin Thiessen.
Seite 11	*Baumgruppe,* 2011. Zeichnung. Eigenes Werk: Katrin Thiessen.
	Landschaftsdarstellung, 2011. Zeichnung. Eigenes Werk: Katrin Thiessen.
Seite 12	*Bäume malen leicht gemacht I–III,* 2011. Aquarell. Eigenes Werk: Katrin Thiessen.
Seite 13/14	*Blattwerk vor blauem Himmel malen.* 2011. Wasserfarbe. Eigenes Werk: Ariane Temme.
Seite 15	*Bäume erkennen,* 2011. Zeichnungen. Eigene Werke: Valérie Dezes und Marlon von Rüden.
Seite 16	*Dem äußeren Rand der Form folgen – Baum,* 2011. Zeichnung. Eigenes Werk: Corinna Pott.
Seite 17	*Ein Skizzenheft selber basteln,* 2011. Vorgangsdokumentation. Fotos: Corinna Pott.
Seite 18/19	*Holzstrukturen imitieren I–III,* 2011. Zeichnung. Eigenes Werk: Katrin Thiessen.
Seite 20	*Holzimitation,* 2011. Aquarell. Eigenes Werk: Katrin Thiessen.

Literatur:

Barber, Barrington (2002): *Zeichnen. Die neue große Schule: Grundlagen. Techniken. Motive.* Bindlach: Gondrom.

Barber, Barrington (2009): *Das große Buch vom Zeichnen. Das Standardwerk: Grundlagen, Techniken, Motive.* Münster: Premio.

Christen, C. (2000): *Die Technik der Holzmalerei.* Hannover: Schäfer.

Foster, Walter (2009): *Die Kunst des Zeichnens: Die große Zeichenschule: praxisorientiert und gut erklärt.* Stuttgart: Frech.

Hofmann, Ekkehardt (2003): *Workshop Aquarell. Grundlagen – Vom Detail zum Bild.* Wiesbaden: Englisch.

Hofmann, Ekkehardt (2006): *Workshop Aquarell. Künstlerische Entwicklung.* Wiesbaden: Englisch.

Ludwigsen-Kaiser, Ute (2002): *Der Kunst-Ratgeber. Zeichnen lernen kann jeder.* Wiesbaden: Englisch.

Van der Burg, P. (1996): *Holländische Malschule für Holz- und Marmor-Imitationen.* Hannover: Schäfer.

Internetquellenverzeichnis:

Fülle-Hover, Christiane (o. J.): Maserieren.
URL: *http://www.driever-und-fuelle.de/pageID_4873172.html* (abgerufen am: 05.05.2010)

Müller, Daniela (2003): Maserieren.
URL: *http://www.maler-mueller.net/maserieren.htm* (abgerufen am: 05.05.2010)

Schmidt, Wolf (o. J.): Maserieren.
URL: *http://www.dekoatelier.de/gestalten/maserieren.htm* (abgerufen am: 05.05.2010)

Wolken, Wind und Regen

Kleine Wolkenkunde

(Valérie Dezes und Marlon von Rüden)

Wolken zu malen gestaltet sich als eine komplexe Aufgabe. Es gibt sehr viele unterschiedliche Wolkenformationen, die jeweils etwas über die Wetterlage aussagen. Mit diesen unterschiedlichen Gestaltungen kann die Stimmung des Bildes bestimmt werden. Hier einige Beispiele für verschiedene Formationen. Welche Stimmung lösen die Wolken bei dir aus?

Anregung: Führe über mehrere Tage ein Wetter-Wolken-Tagebuch.

Nimbostratus (Regenwolke) →
Langanhaltender Niederschlag

Stratus (tiefe Schichtwolke) →
Hochnebel

Stratocumulus (Haufenschichtwolke) →
Bewölkt

Cumulus (Haufenwolken) →
treten bei schönem Wetter auf und können ein Indiz für Gewitter sein.

Wie male ich Regenwolken mit Wasserfarben?

(Ilona Glade)

Zeitaufwand: Ca. 4 Schulstunden

Nur selten stehen keine Wolken am Himmel. Sie befinden sich in ständiger Bewegung und in einem Wechselspiel. Die Wolken können hoch oder niedrig, weiß oder grau sein. Manchmal sehen sie wie Daunen aus, manchmal aber auch schwer und drückend. Keine gleicht einer anderen. Mehrere Künstlerinnen und Künstler wurden von Wolken inspiriert und haben die Faszination der Wolken in ihren Bildern festgehalten. Die Wolken geben eine Stimmung ins Bild und konkretisieren die künstlerische Absicht. Man muss keine Angst haben, Wolken zu malen, weil es keine Regel für ihr Aussehen gibt. Der Fantasie sind keine Grenzen gesetzt!

1. Das Bild baut sich schrittweise auf. Zunächst wird eine beliebige Landschaft, die bis zu einem Drittel des Blattes einnehmen kann, mit einem Bleistift vorgezeichnet. Die Wolkenmotive können sowohl zufällig entstehen als auch absichtlich aufgebaut sein.

2. Die Grenzen zwischen den Wolken und dem blauen Himmel werden leicht mit einem Pinsel gewässert. Die Mitte wird mit mit Wasser verdünnter, blauer Farbe nach Wahl bemalt. Dadurch werden die Ränder der aufgetragenen Farbe verwischt.

3. Wenn der blaue Himmel trocken ist, kann man mit den Wolken anfangen. Dafür wird das Papier mit einem kleinen Abstand zum blauen Himmel gewässert. Auf den feuchten Grund wird verdünnte, graue Farbe aufgetragen. Die Farbe verbreitet sich wie von selbst ungleichmäßig auf dem feuchten Papier – die Regenwolken entstehen fast von alleine.

4. Ein breites Spektrum interessanter grauer Töne und Farbabstufungen bekommt man durch das Mischen und Verdünnen von zwei oder maximal drei Farben. Auf diesem Bild wurden zwei Farben – Siena gebrannt und Ultramarin – zusammengemischt. Durch das Auftragen verschiedener Farbtöne entstehen unerwartete Farbverläufe und Flecken, die den Wolken Plastizität verleihen.

5. Durch mehrere, übereinander aufgetragene Farbtöne, mit verwischten Rändern, können zusätzliche graue Wolken gemalt oder Details der Wolken herausgehoben werden.

6. Das ausgesparte und durchscheinende Weiß des Blattes, mit dem man jedoch sparsam umgehen sollte, dient bei den Wolken als Licht. Wenn das Regenwolkenmassiv aber doch zu dunkel geworden sein sollte, kann die noch feuchte Farbe mit einem sauberen Pinsel oder Schwämmchen ausgewischt werden. Dadurch entsteht eine Aufhellung.

7. Die Bäume wurden nur als Flecken und Tupfen dargestellt, wodurch ein dramatischer Effekt auf dem Bild entsteht. Die Verwendung verschiedener Techniken und das Wechselspiel der durchscheinenden und deckenden Wolkenschichten verleihen der Bildoberfläche mehr Tiefe.

3 Stationen:

- Wässriges Malen (2 Schulstunden) (Siehe: Ströter-Bender 2010)
- Arbeitsblatt: Gemischte Grautöne und dunkle Farben (1 Schulstunde)
- Arbeitsblatt: Variationen zur Nass-in-Nass-Technik (1 Schulstunde)

Beispiel aus der Kunst

(Ilona Glade)

Für den englischen Künstler **John Constable** (geb. 1776) war es von großer Bedeutung, den Himmel zu malen. Für ihn waren der Himmel und das Licht sowohl Emotionsträger als auch wesentliche Faktoren, die den Landschaftseindruck bestimmten und veränderten. Constable unternahm in seinen Gemälden den Versuch, tatsächlich beobachtete atmosphärische Phänomene festzuhalten. Darüber hinaus basierte seine Beschäftigung mit den Wolken auf naturwissenschaftlicher Empirie, weil sich Licht und Wolken in ständigem Wechselspiel befinden. Die Werke von John Constable, der als Wolkenmaler bekannt wurde, inspirierten viele Künstlerinnen und Künstler.

John Constable: Wolkenstudie, 1821, Öl auf Papier, Royal Academy of Arts, London.

John Constable: Strand in Brighton, unbekanntes Datum, Öl auf Papier, Victoria and Albert Museum, London.

Arbeitsblatt

Wolken malen

(Valérie Dezes und Marlon von Rüden)

Dafür benötigst du folgendes Material:
Zeichenblock, Bleistift, Farbkasten, Pinsel

1 Vorzeichnung: Zeichne mit einem Bleistift ganz zart die Umrisse einer Wolke auf und male den Himmel im Anschluss blau aus. Achte darauf, dass dabei der Himmel am oberen Bildrand dunkler ist als am unteren Bildrand.

2 Wolken werden meist weiß wahrgenommen. Sie wirken jedoch nicht als weiße Fläche auf dem Malgrund. Deswegen ist es wichtig, dass du nun weitere Farben einarbeitest. Hierfür eignen sich je nach Wolkenformation etwas Gelb, Grautöne sowie Violett. Das Grau wurde in dieser Wolke aus Braun, Blau und viel Wasser gemischt.

3 Auch Wolken haben Schatten: Deswegen ist es wichtig, die Dunkelheiten und Helligkeiten einer Wolke genau zu beobachten und im Anschluss die Farbe an die richtige Stelle zu setzen. Verwende für Helligkeiten zum Beispiel Deckweiß aus deinem Farbkasten.

4 Nun besteht deine Aufgabe darin, eine beliebige Wolkenformation zu malen. Doch bedenke, dass das genaue Beobachten vor allem für das Setzen der hellen und dunklen Stellen notwendig ist, damit die Wolke als solche erkennbar wird.

Jutta Ströter-Bender (Hrsg.): Kunstprojekte zu Natur und Wald · Best.-Nr. 1026

Arbeitsblatt

Gemischte Grautöne und dunkle Farben

Um Grauabstufungen zu bekommen, gibt es im Farbkasten Grau und Schwarz, die man beim Malen mit Wasser verdünnen kann. Diese Farben wirken aber im Bild nicht sehr lebendig. Satte, dunkle Farbtöne und lebendige, samtige Grautöne entstehen durch eine Mischung aus verschiedenen Farben – **Farbiges Grau**! Dadurch wird eine neue Materialität von Hintergrund, Farbflächen und Farbbestimmungen geschaffen. Die variationsreichen Farbmischungen verstärken die Leuchtkraft anderer Farben und wirken beeinflussend auf die Stimmung des Bildes.

Dafür benötigst du folgendes Material:
Pinsel, Wasser, Farbkasten, Papier

1 Mische zwei beliebige Farben aus deinem Farbkasten auf einem Blatt Papier zusammen. Dabei sollst du weder Grau noch Schwarz nutzen.

2 Probiere das Ganze mit anderen Farben aus, sodass viele Mischungen auf dem Papier entstehen.

3 Finde durch Ausprobieren Farben, die beim Zusammenmischen eine dunkle oder eine graue Farbe ergeben.

4 Welche Grautöne gefallen dir besonders gut? Welche Farben hast du gemischt? Notiere deine Ergebnisse in das freie Kästchen hier rechts.

5 **Tipp:** Hast du schon Gelb + Violett, Ultramarin + Siena gebrannt oder Magentarot + Blaugrün zusammengemischt?

6 Nimm deine ausgewählten Farben und mische sie nun auf der Palette zusammen. Wann wirken die Farbmischungen kühler und wann wärmer?

7 Füge nach und nach etwas Wasser in deine Mischung und male jedes Mal einen Streifen mit neuer, weiter verdünnter Mischfarbe auf das Papier. Was beobachtest du?

8 Male nun Regenwolken mit den neuen Farben, die du durch das Mischen bekommen hast.

Arbeitsblatt Variationen zur Nass-in-Nass-Technik

Dafür benötigst du folgendes Material:
Zwei Pinsel, Wasser im Wasserbehälter, Farbkasten, Aquarellpapier

1. Wähle eine beliebige Farbe aus deinem Farbkasten. Mische sie mit dem ersten Pinsel auf der Palette mit ein wenig Wasser.

2. Ziehe im freien Feld unten eine klare Wasserlinie mit dem zweiten Pinsel.

3. Während dein Wasserstreifen noch feucht ist, nimm mit dem ersten Pinsel deine vorbereitete Farbe auf und ziehe eine farbige Linie parallel zum Wasserstreifen. Dabei soll die Farblinie die Wasserlinie berühren. Was passiert mit der Farbe?

4. Versuche es nun umgekehrt zu machen: Male mit dem Pinsel zuerst in das Feld einen farbigen Streifen und zieh erst dann eine Linie mit klarem Wasser. Was passiert jetzt mit der Farbe?

5. Probiere nun auf einem neuen Papier diese Übungen mit den anderen Farben aus dem Farbkasten aus. Welche Farbe fließt besser? Welche langsamer? Warum wohl? Mach dir dazu Notizen neben deinen Proben.

   Tipp: Je mehr Wasser du auf dem Pinsel hast und je breiter der Wasserstreifen ist, desto mehr blüht die Farbe aus.

Quellenverzeichnis

Abbildungen:

Seite 23 *Nimbostratus; Stratus; Stratocumulus; Cumulus,* 2011. Aquarell. Eigenes Werk: Valérie Dezes und Marlon von Rüden.

Seite 24/25 Bilderserie *Regenwolken mit Wasserfarbe malen*, 2011. Aquarell. Eigenes Werk: Ilona Glade.

Seite 26 John Constable: *Wolkenstudie*, 1821, Öl auf Papier, Royal Academy of Arts, London. John Constable: *Strand bei Brighton*, Datum unbekannt, Öl auf Papier, Victoria and Albert Museum, London.

Seite 27 *Bilderserie Wolken malen,* 2011. Aquarell. Eigenes Werk: Valérie Dezes und Marlon von Rüden.

Literatur:

Ströter-Bender, Jutta/ Schmallenbach, Dorthe. [Mitarb.] (2010): *Das Beste vom Farbkasten. Die wichtigsten Gestaltungstechniken bei der Arbeit mit Wasserfarben.* Ab Klasse 5. Augsburg: Brigg Pädagogik.

Thornes, J. E. (1999): *John Constable's skies a fusion of art and science.* Birmingham: Univ. of Birmingham Press.

Weber, B. (2003): *Aquarellieren. Techniken, Übungen, Beispiele.* 7 Aufl. Berlin: Urania Verlag.

Werner, T. (1983): *Studien zum Werk von John Constable.* Freiburg: Hochschulverlag.

Auf den Spuren von Albrecht Dürer

(Sabrina Zimmermann)

Zeitaufwand: Ca. 4 Schulstunden (erweiterbar)

Waldtiere malen

Albrecht Dürer malte seine Tieraquarelle genau nach der Natur ab. Dabei verwendete er die Technik der **Schichtenmalerei**. Diese Technik zeichnet sich dadurch aus, dass Farbflächen mehrfach übermalt werden. Auf den getrockneten Untergrund werden durchscheinende und halbdeckende Farbflächen gelegt, sodass die Farben sich optisch mischen und Zwischentöne entstehen. Durch Lasuren werden die Farbschichten schrittweise aufgebaut, sodass mit der traditionellen Schichtenmalerei eine besondere Raum- und Tiefenwirkung erreicht wird.

1. Auf die gesamte Motivvorlage werden mit dem Lineal gleichgroße Quadrate gezeichnet, sodass ein Gitterraster entsteht.

   Mit diesem Raster lässt sich das Motiv auch verkleinern oder vergrößern. Dazu müssen die Quadrate auf dem Papier nur im richtigen Verhältnis vergrößert oder verkleinert werden.

2. Das Raster wird mit leichten Bleistiftstrichen auf das Papier übertragen. Dabei entsprechen die Quadrate der Vorlage in ihrer Anzahl und Größe den Quadraten auf dem Papier.

   Dann werden die Umrisslinien des Motivs von den Quadraten des Rasters in die entsprechenden Quadrate auf dem Papier übertragen.

3. Die Bleistiftlinien werden nun sehr vorsichtig ausradiert.

   Danach wird die Vorzeichnung mit einem breiten Pinsel und einer wässrigen Lösung in der Grundfarbe des Motivs koloriert. Dabei wird der Verlauf von Licht und Schatten angelegt.

4. Um das Motiv plastisch auszuarbeiten, werden weitere dünne Schichten übereinander gelegt. Dabei werden unterschiedliche Farbabstufungen der Grundfarbe verwendet. Vor jeder Übermalung mit einer neuen Schicht muss die vorherige Schicht gut trocknen, damit die Farben nicht ineinander verlaufen.

5. In den letzten Schichten können die hellen und dunklen Stellen mit weniger verdünnter Farbe ausgearbeitet werden.

   Mit jeder weiteren Schicht wird das Motiv plastischer und die Farbe intensiver.

6. Mit einem kleinen Pinsel werden Details wie Augen, Ohren, Nase und Barthaare gestaltet. Die Farbe sollte dabei nur leicht verdünnt sein.
   Mit einem dünnen, sehr feinen Pinsel werden zum Schluss die einzelnen Haare des Fells mit nur leicht verdünnter Farbe gemalt.

7. Mit verschiedenen Farbtönen wird der Verlauf von Licht und Schatten modelliert.
   Die unterschiedlichen Richtungen der Haare, die der Körperform folgen, lassen das Tier realistischer erscheinen.
   Die Haare werden dabei auch über die Kontur hinaus gemalt.

8. Zuletzt wird der Hintergrund mit einem breiten Pinsel in mehreren Schichten ausgearbeitet.
   Der Hintergrund muss nicht „brav" angelegt werden. Die Schichten können „unordentlich" vermalt werden. Diese Malweise ermöglicht eine atmosphärische Farbfläche.
   Das fertige Bild erhält seine Tiefenwirkung durch das Wechselspiel von durchscheinenden und deckenden Schichten.

Beispiel aus der Kunst

Um einen Gegenstand, eine Pflanze, ein Tier oder einen Menschen in Größe und Proportion richtig erfassen zu können und naturgetreu abzubilden, entwickelte **Albrecht Dürer** (1471 – 1528) Malhilfen, die auch in den Jahrhunderten nach ihm von Künstlern genutzt wurden. Der Gitterrahmen war ein wichtiges Hilfsmittel. Das Motiv befand sich hinter dem Gitterrahmen, welcher zwischen Motiv und Künstler stand. Zwischen den Augen des Malers war ein Stab, damit der Künstler das Motiv immer aus der gleichen Perspektive sah.
Dürer begann nach 1500, Pflanzen- und Tiermotive als Einzelbilder zu malen. Zu Dürers Zeit war dies eine enorme Neuerung. Bis dahin war es für Künstler nicht interessant, Pflanzen und Tiere als Einzelbilder darzustellen. Dürer machte sie zur Kunst. Aber auch in seinen religiösen Gemälden, wie „Maria mit den vielen Tieren" oder „Die Heilige Familie mit den drei Hasen" sind Tiere abgebildet.
1502 malte Dürer eines seiner bekanntesten Bilder – „Feldhase". Auch heute noch ist der Hase ein beliebtes Motiv für Reproduktionen. Die Menschen waren von der realistischen Darstellungsweise des Feldhasen beeindruckt. Der Hintergrund ist einfarbig und scheint hinter dem Hasen zu stehen. Diese Tiefe erreichte Dürer durch die plastische Darstellung des Tiers. Der Hase macht den Eindruck, als habe Dürer jedes einzelne Haar des Fells gemalt. Für diese Illusion entwickelte Dürer eine besondere Malweise. Um das Auge zu täuschen, malte er den Hasen in mehreren Arbeitsschritten – also in verschiedenen aufeinander aufbauenden Schichten. Zuerst zeichnete er die Umrisslinien und Binnenkonturen des Hasen. Danach kolorierte er die Zeichnung in verschiedenen Brauntönen. Dabei legte er den Schatten mit dunklen Brauntönen an. Stellen, auf die das Licht fällt, werden mit Weiß gehöht. Er arbeitete dabei mit dünnen Lasuren. Zum Schluss malte er Details (Haare, Augen, Krallen etc.) mit einem dünnen, feinen Pinsel.

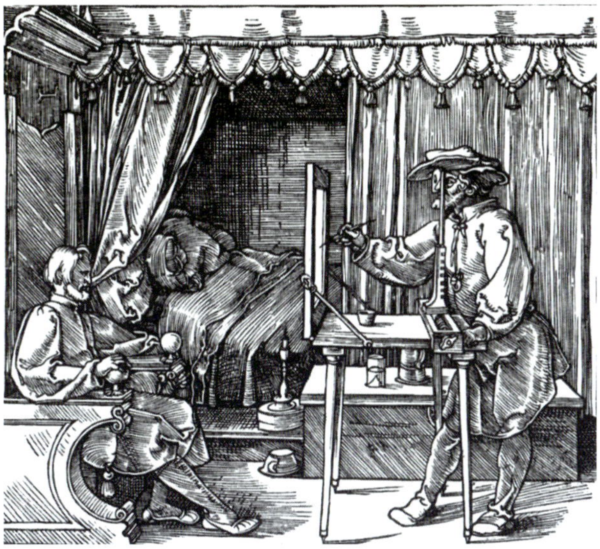

Albrecht Dürer: Ein Künstler malt einen sitzenden Mann, 1525, Holzschnitt, 12,9 cm x 14,8 cm, London/British Museum.

Rechts:
Albrecht Dürer: Feldhase, 1502, Aquarell und Deckfarben auf Papier, 25 x 22,5 cm, Wien/Graphische Sammlung Albertina.

Grün mischen: Ein Vergnügen

In der Natur gibt es vielfältige Grüntöne. Um Pflanzen und Landschaften möglichst realistisch und abwechslungsreich zu malen, ist es wichtig, unterschiedliche Grüntöne zu verwenden. Der normale Schulfarbkasten enthält nur zwei Grüntöne. Ein dunkleres Blaugrün und ein helleres Gelbgrün. Der Name dieser Grüntöne verrät, dass die Farbe Grün aus den Farben Blau und Gelb besteht. Aus den Primärfarben (Grundfarben) Blau und Gelb können also vielfältige Grüntöne gemischt werden. Wenn Blau und Gelb dabei in unterschiedlichen Mengen gebraucht werden, entstehen die verschiedenen Grüntöne.

1. Werden die Farben Blau und Gelb zu gleichen Anteilen gemischt, entsteht ein Mittelgrün, das weder gelblich noch bläulich ist.

   Ist der Gelbanteil in der Mischung größer, wird der Grünton heller und gelblicher. Überwiegt der Blauanteil, wird der Grünton dunkler und bläulicher.

2. Die Zugabe von Wasser verdünnt Farben und hellt sie auf. Je wässriger die Farbe ist, umso heller wird sie und umso weniger deckt sie. Der Untergrund scheint durch die Farbschicht.

   Für einen hellen, deckenden Ton, wird die Farbe mit Weiß gemischt. Die Farbe kann mit Braun abgedunkelt werden. Schwarz eignet sich dafür nicht, da es die Farben schmutzig aussehen lässt.

Albrecht Dürer (1471–1528) malte das Bild mit Aquarell- und Deckfarben in vielen verschiedenen Grüntönen. Er bildete die Formen und Farben der Pflanzen genau nach der Natur ab. Wegen dieser genauen Darstellung und der Zusammenstellung – alle Pflanzen sind Heilkräuter – war das Rasenstück lange Zeit in Biologielehrbüchern abgebildet. Dürer wollte in seinem Bild die durcheinander wachsenden Pflanzen exakt abbilden. Ihm ging es darum, wie ein Forscher in die Natur einzudringen.

Albrecht Dürer: Das große Rasenstück, 1503, 41 x 31,5 cm, Wasser- und Deckfarbenmalerei auf Papier, Wien/Graphische Sammlung Albertina.

Eine Kiste packen.
Sammeln, Forschen und künstlerisches Arbeiten zum Thema Wald

(Sabrina Zimmermann)

Das Thema Wald eröffnet eine Vielzahl von ästhetischen Zugängen, die unabhängig von Klassenstufe oder Schulform im Kunstunterricht – aber auch fächerübergreifend – erarbeitet werden können.

Als Vorbereitung ist es sinnvoll, in der Klasse eine Sammlung zum Thema Wald anzulegen. Dabei können neben Büchern und Bildmaterial, Literatur (z. B. Gedichte, Märchen, Sagen etc.) und Musikstücken, auch Realien (z. B. Federn, Pflanzen, Felle, Knochen etc.) Impulse geben. Ausgehend von dieser Sammlung können dann unterschiedliche ästhetische Zugänge erarbeitet werden. Der abgebildete Koffer thematisiert Natur- und Naturdarstellungen am Beispiel des Künstlers Albrecht Dürer. Ein nach historischem Vorbild gebauter Gitterrahmen dient als Zeichen- und Malhilfe. Pigmente und Aquarellfarben ermöglichen das Erproben von malerischen Techniken und Strategien. Im Wald gesammelte Pflanzen und Pflanzenteile, Zähne und Federn, aber auch das zusammengetragene Bildmaterial, können dabei als Motive dienen. Besondere ästhetische Erfahrungen können beim Arbeiten in der Natur und beim Malen von Tierpräparaten gemacht werden.

Entstandene Zeichnungen können in manuellen Druckverfahren (hier Linolschnitt) umgesetzt werden.

Literatur zu Themen wie Natur, Wald und Tiere bietet Impulse zur Entwicklung von Performances oder zur Gestaltung von Märchenfiguren und Fabeltieren – hier ein Wolpertinger – als Handpuppen.

Die erarbeiteten Werke können in einer Kiste gesammelt und ausgestellt werden.

Albrecht Dürer. Wald- und Naturkoffer.

Quellenverzeichnis

Abbildungen:

Seite 31/32	*Arbeitsschritte Eichhörnchen malen,* 2011. Aquarell: Eigenes Werk: Sabrina Zimmermann.
Seite 33	Albrecht Dürer, *Ein Künstler malt einen sitzenden Mann,* 1525, Holzschnitt, 12,9 cm x 14,8 cm, London/British Museum.
Seite 33	Albrecht Dürer, *Feldhase,* 1502, Aquarell und Deckfarben auf Papier, 25 x 22,5 cm, Wien/Graphische Sammlung Albertina.
Seite 34	Anleitungen *Farbmischung*, 2011. Aquarell: Eigenes Werk: Sabrina Zimmermann.
Seite 34	Albrecht Dürer, *Das große Rasenstück,* 1503, 41 x 31,5 cm, Wasser- und Deckfarbenmalerei auf Papier, Wien/Graphische Sammlung Albertina.
Seite 35	*Museumskoffer „Natur- und Naturdarstellungen in der Renaissance – Albrecht Dürer“,* 2011. Werk und Fotos: Sabrina Zimmermann.

Literatur:

Salley, Victoria (2003): *Albrecht Dürer. Kunststück Natur. München:* Prestel Verlag.
Ullmann, Ernst (Hg.) (1993): *Albrecht Dürer. Schriften und Briefe.* 6. veränderte Auflage. Leipzig: Reclam Verlag.

Insekten: Die faszinierende Welt des winzig Kleinen

(Corinna Pott)

Die bunte Welt der Insekten

Ein Spaziergang im Wald. Neugierde. Ihr werdet von einem alten, augenscheinlich abgestorbenen Baumstumpf magisch angezogen. Ihr streckt die Finger aus und berührt die bemooste Oberfläche des Baumes. Die Rinde löst sich und fällt zu Boden. Was krabbelt und kriecht denn da unter der Rinde, auf und in dem Holz?

1. **Wie würdet ihr euch in der oben beschriebenen Situation weiter verhalten?**
2. **Welche Erfahrungen habt ihr mit Insekten gemacht? Wo sind sie euch schon mal begegnet?**

Insekten sind in ihrer Arten- und Formenvielfalt die größte Tiergruppe auf der Erde. Sie machen mehr als 80 Prozent der gesamten Tierwelt aus. Bis heute sind mehr als eine Million Insektenarten erforscht. Erst bei genauem Hinsehen zeigt sich der Detailreichtum dieser Tiergruppe, ihre Farben- und Formenvielfalt, sowie ihre Bedeutung für die Natur und auch für den Menschen.
Die Kleinen sind nämlich für das Funktionieren praktisch aller Ökosysteme, außer dem Lebensraum Meer, überaus wichtig: Sie sind beispielsweise Nahrungsgrundlage für viele Tiere (u. a. Vögel), führen Nährstoffe zurück in den Naturkreislauf (Totholz und Tierkadaver), sind Nutztiere (z. B. Bienen) aber auch Schädlinge (z. B. Borkenkäfer), hilfreich u.a. im Bereich der Medizin (z. B. Maden zur Wundreinigung) oder auch Vorbild für die Technik (Robotik).

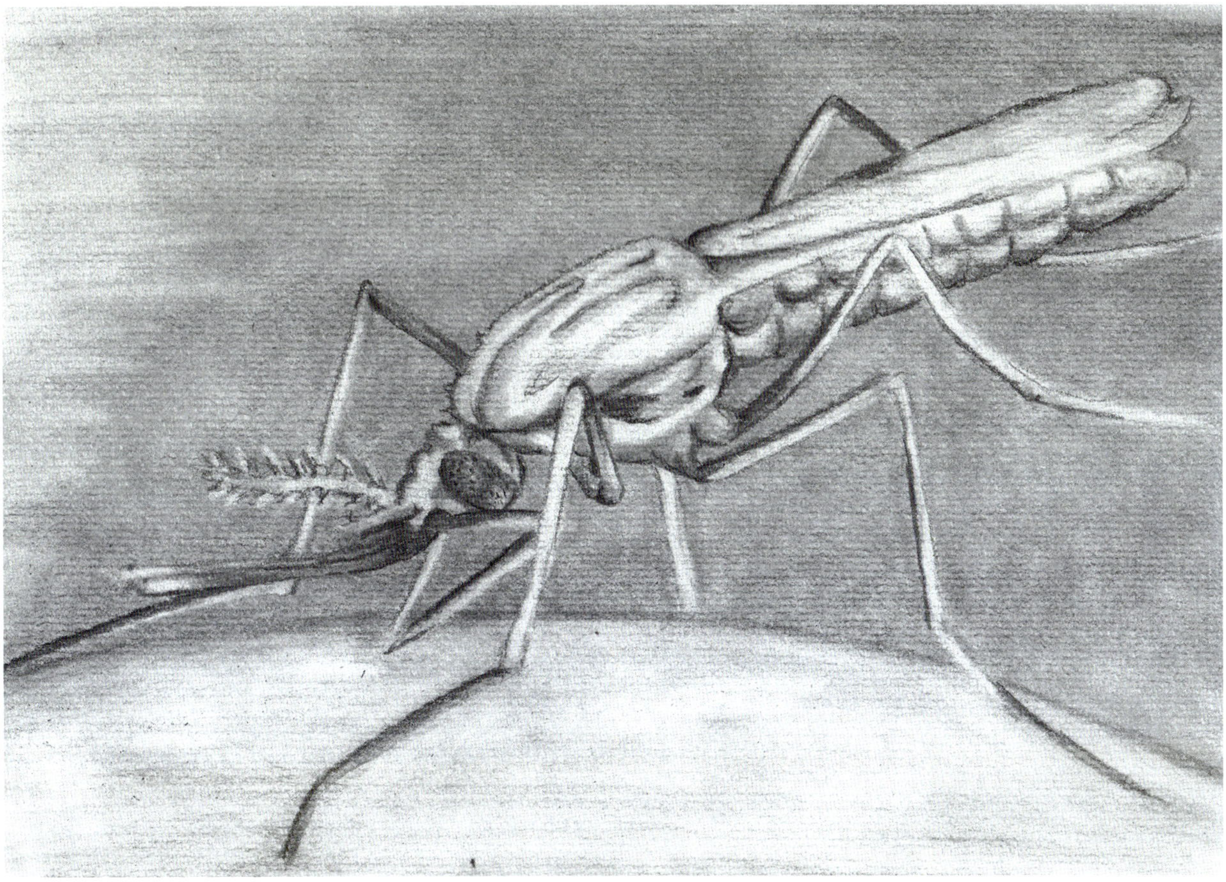

Corinna Pott: Die Malariamücke, 2011, Bleistift auf grobem Zeichenpapier, 26 x 20 cm.

3. **Sammelt Bildmaterial zu verschiedenen Insektenarten und recherchiert deren spezifische Lebensweisen und Funktionen.**

Tipp: Fragt eure/n Biologielehrer/in nach Insektenpräparaten und betrachtet diese doch einmal unter dem Mikroskop – ihr werdet fasziniert sein!

Beispiel aus der Kunst

Maria Sibylla Merian (1647-1717) arbeitete an der Schnittstelle von Kunst und Naturwissenschaft. Sie beobachtete die sie umgebende Flora und Fauna genauestens und konnte so u.a. die Metamorphose der Schmetterlinge als erste nachvollziehen und detailliert darstellen. Sie kann als die weibliche Forscherfigur der Neuzeit schlechthin bezeichnet werden.

„Ich habe mich von Jugend an mit der Erforschung der Insekten beschäftigt. Zunächst begann ich mit Seidenraupen in meiner Geburtsstadt Frankfurt am Main. Danach stellte ich fest, dass sich aus anderen Raupen viel schönere Tag- und Eulenfalter entwickelten als aus Seidenraupen. Das veranlasste mich, alle Raupen zu sammeln, die ich finden konnte, um ihre Verwandlung zu beobachten.“ *(Zitiert nach M.S. Merian „Metamorphosis Insectorum Surinamensium“, 1705)*

Zum Hauptwerk der Malerin gehört der Prachtband „Metamorphosis Insectorum Surinamensium“ (1705). 1699 unternahm die alleinstehende Maria Sibylla Merian eine zweijährige und strapaziöse Forschungsreise in den südamerikanischen Küstenstaat Suriname, wo sie sich der Beobachtung und der Erforschung heimischer Insekten und Pflanzen widmete. Ihre Zeichnungen und gesammelten Tier- und Pflanzenpräparate dienten Maria Sibylla Merian als Vorlagen für Pergamentmalereien, die dann als kolorierte Kupferstiche in dem genannten Hauptwerk publiziert wurden.

Maria Sibylla Merian um 1700. Kupferstich von Jakob Houbraken, nach einem Porträt von Georg Gsell.

Maria Sibylla Merian: Papaver spinosum mit Insekten aus Surinam, 1705, kolorierter Kupferstich, im Besitz der Handschriftenabteilung der Staatsbibliothek zu Berlin – Preußischer Kulturbesitz.

Insekten malen leicht gemacht

(Bilder Ariane Temme/ Text Corinna Pott)

Zeitaufwand: Ca. 2 Schulstunden

1. Der Hintergrund wird in Brauntönen in Schichten angelegt. Dabei wird die Farbe mit einem großen Pinsel in groben Pinselstrichen vermalt. Der Umriss des Käfers wird dabei ausgespart, sodass der Malgrund an diesen Stellen nicht mit Farbe bedeckt wird.

2. Jetzt wird die Grundstruktur des Käfers mit groben Pinselstrichen angelegt. Dabei werden die Farbbereiche eher flächig gemalt. Die Farbe (hier Blau) wird dabei halbdeckend aufgetragen, sodass der Untergrund durchscheint.

3. Mit unterschiedlichen Blauabstufungen werden die einzelnen Volumen des Körpers ausgearbeitet. Dabei wird halbdeckend bzw. lasierend gearbeitet. An einigen Stellen scheint der Untergrund durch die Farbschichten. Der Panzer wird durch breite Pinselstriche gestaltet. Dabei bleiben weiße Stellen des Untergrundes stehen.

4. Durch einen deckenden Farbauftrag, mit einem dunkleren Blauton, werden die Schatten innerhalb der Körperteile des Käfers ausgearbeitet. Dann wird mit einem Ockerton der Schatten des Käfers angelegt.

5. Mit einem dunkleren Braunton wird der Hintergrund mit breiten Pinselstrichen überarbeitet und der Schatten nachgearbeitet. Dabei scheint die letzte Schicht an einigen Stellen durch. Um die Struktur des Panzers darzustellen, wird eine dünne Schicht helles Grau-Braun mit dem Pinsel aufgetupft.

6. Zuletzt werden die Schatten (Beine, Fühler, Körper) mit einem dunklen Blauton gemalt. Dadurch wird Plastizität erreicht. Mit einem dunkleren Grau-Braun wird der Panzer weiter ausgearbeitet. Dabei bleibt das Weiß des Malgrunds an einigen Stellen als Lichtreflexion sichtbar.

Insekten und ihre Entwicklungsstadien aus Schaumstoff gestalten

Zeitaufwand: Ca. 2–4 Schulstunden (erweiterbar)

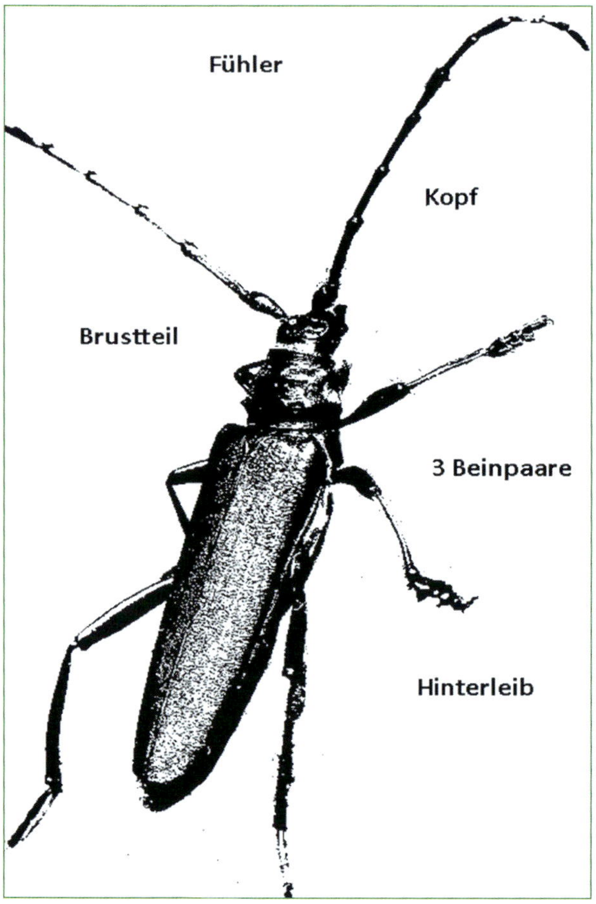

Schematischer Aufbau eines Insektes

Das Wort Insekt leitet sich von Lateinisch „insectum" ab, was so viel bedeutet wie *eingeschnittenes Getier*. Dieser Ausdruck bezieht sich auf den typischen Körperbau, der aus drei voneinander abgegrenzten Teilen besteht (Kopf, Brust und Hinterleib).
Insekten durchlaufen wie wir Menschen einen Entwicklungsprozess, der sich aber ganz anders gestaltet: Vom Ei zur Larve, von der Larve zur Puppe und schließlich zum Imago. Der Übergang vom Larvenstadium zum erwachsenen Tier (Imago) wird Metamorphose genannt, weil z. B. der Mehlkäfer oder der Schmetterling eine komplette Verwandlung ihres Erscheinungsbildes durchmachen.
Die vielfältigen Insektenformen und ihre Entwicklungsstadien lassen sich über das Material *Schaumstoff* und über die Kombination mit weiteren Materialien plastisch nachempfinden und führen somit zu einem vertieften Verständnis für die *Phänomene der Natur*.

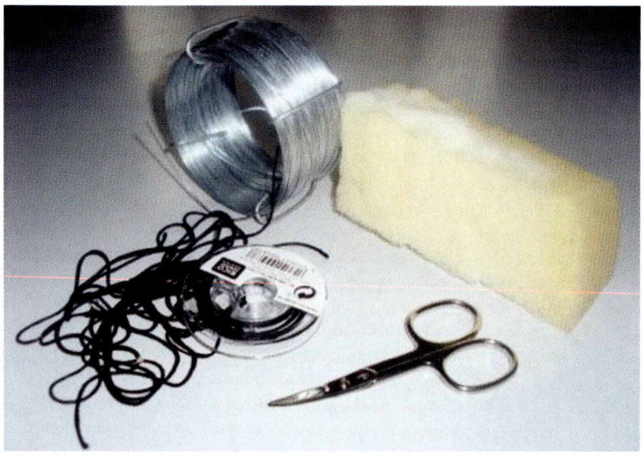

1. Folgendes Material wird benötigt:
   Schaumstoff, Schnur, Nagelschere, Draht, Abbildungen von Insekten

   Tipp: Schaumstoff gibt es im Baumarkt zu kaufen oder aber man greift auf alte Schaumstoffmatratzen bzw. Kissenfüllungen zurück.
   Alternative: Schwämme!

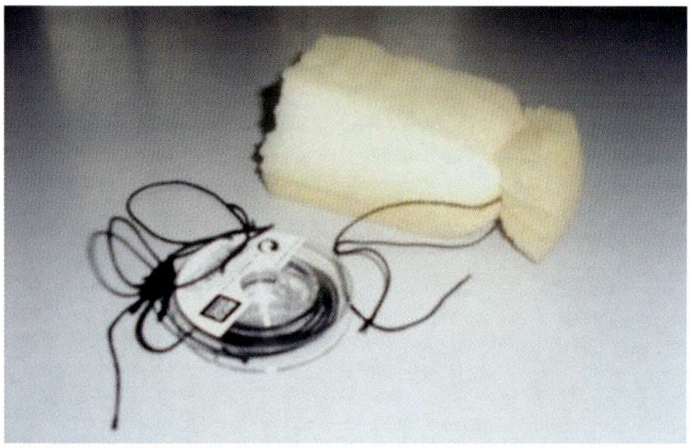

2. Der Schaumstoff wird der groben Form des gewünschten Insektes entsprechend zugeschnitten (rechteckig oder quadratisch). Danach werden die drei Körpersegmente mit Hilfe der Schnur abgeteilt. Durch das Abschnüren ergeben sich gerundete Formen, die als Ausgangspunkt für die weitere plastische Gestaltung des Insektenkörpers dienen.

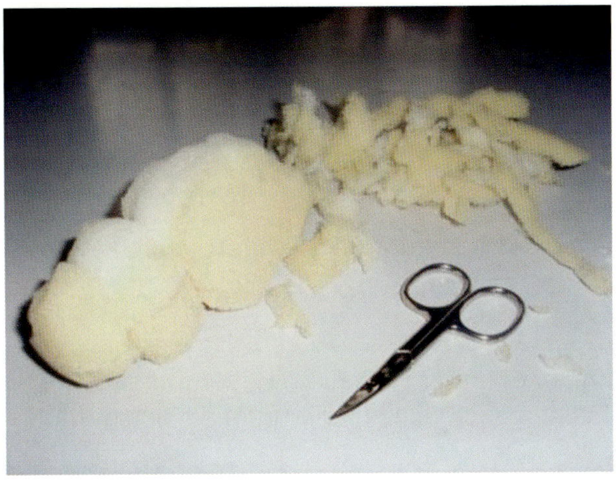

3. Nun kommt die Nagelschere zum Einsatz: Vorsichtig wird das Volumen der Ausgangsform mit der Schere reduziert und so die äußere Form des Insektenkörpers herausgearbeitet.

Tipp: Mit Hilfe der Schere kann beispielsweise auch die Oberfläche des Insektenpanzers interessant gestaltet werden!

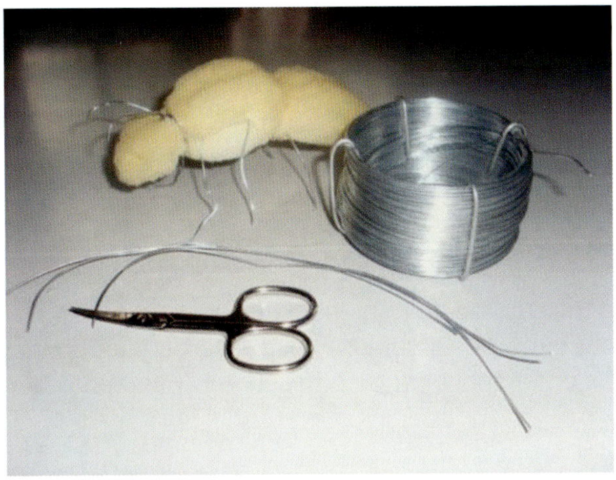

4. Aus dem Draht werden die Gliedmaßen der Insekten und weitere Körperteile (Fühler, Flügel, Rüssel, Mundwerkzeuge) geformt und durch Fest- bzw. Durchstecken im Schaumstoffkörper fixiert.

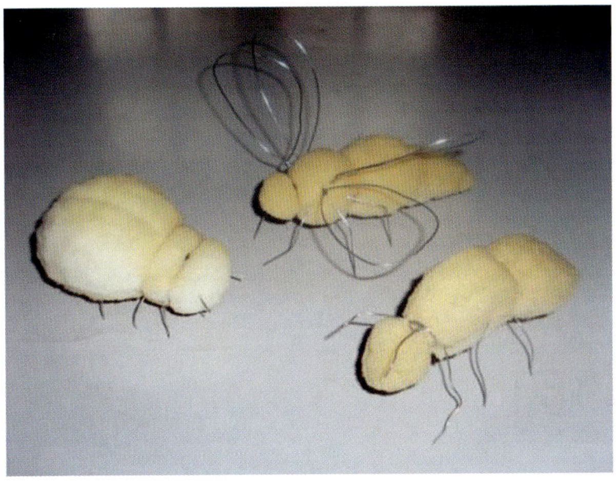

5. Die Insekten können eher abstrakt gehalten oder mit Übung bzw. Fingerspitzengefühl detailreicher und naturalistischer gestaltet werden. Die Größe der Plastiken kann variiert werden. Je größer das Ausgangsvolumen des Schaumstoffes, desto einfacher können naturalistische Züge des jeweiligen Insekts umgesetzt werden.
Welche Insekten kann man hier wohl erkennen? Wie könnten Insektenlarven oder -puppen plastisch mit Schaumstoff umgesetzt werden?

Tipp: Um das sogenannte Exoskelett, die stabile äußere Hülle der Insekten, zu gestalten, kann ein Überzug aus eingefärbtem Wachs ausprobiert werden.

Tipp: Fächerübergreifendes Projekt mit dem Fach Biologie (Thema Insekten oder Mikroskopie).

Arbeitsblatt

Insekten und ihre Entwicklungsstadien aus Schaumstoff gestalten

Dafür benötigst du folgendes Material:
Bleistift, Papier, Schaumstoff (Schwämme), Blumendraht und Schnur (verschiedene Stärken), Nagelschere

1 Wähle ein Insekt, suche passendes Bildmaterial und recherchiere Hintergrundinformationen zu dem Tier. Halte dann im Kästchen unten kurz fest, warum du dich gerade für dieses Insekt entschieden hast.

2 Fertige im nachfolgenden Kästchen eine Skizze von deinem Insekt an, die die spezifische Körperform und die Oberflächenstruktur des Insektenpanzers verdeutlicht. Die Skizze dient als Vorbereitung für die sich anschließende plastische Umsetzung deines Insekts.

3 Nimm dir nun den Schaumstoff, binde die Körpersegmente deines Insekts mit Schnur ab und arbeite anschließend die äußere Form mit der Nagelschere heraus. Forme dann die weiteren Körperteile (Beine, Flügel, Mundwerkzeuge, Fühler) aus Draht und ergänze den Schaumstoffkörper.

Tipp: Heb die Schaumstoffabfälle auf, sie können als Füllmaterial oder für die Oberflächengestaltung weiterer Objekte dienen!

4 Wie könnten die Entwicklungsstadien deines Insekts (Larve und Puppe) aussehen? Gestalte diese ebenfalls mit Schaumstoff, Schnur und Draht.

Quellenverzeichnis

Abbildungen:

Seite 37	*Die Malariamücke,* 2011. Zeichnung. Eigenes Werk: Corinna Pott.
Seite 38	*Maria Sibylla Merian um 1700.* Kupferstich von Jakob Houbraken nach einem Porträt von Georg Gsell.
Seite 38	Maria Sibylla Merian: *Papaver spinosum mit Insekten aus Surinam,* 1705, kolorierter Kupferstich, im Besitz der Handschriftenabteilung der Staatsbibliothek zu Berlin – Preußischer Kulturbesitz.
Seite 39	*Arbeitsschritte Insekten malen leicht gemacht,* 2011. Acryl. Bildquelle: Werk und Fotos von Ariane Temme.
Seite 40	*Schematischer Aufbau eines Insekts,* 2011. Digitale Bildbearbeitung. Eigenes Werk: Corinna Pott.
Seite 40/41	*Arbeitsschritte Insekten und ihre Entwicklungsstadien aus Schaumstoff gestalten,* 2011. Plastische Arbeiten aus Schaumstoff und Draht. Eigenes Werk: Corinna Pott.
Seite 42	*Larve,* 2010. Plastische Arbeit aus Schaumstoff und Paketschnur. Eigenes Werk: Corinna Pott.

Literatur:

Chinery, Michael (2004): *Pareys Buch der Insekten.* Stuttgart: Franck-Kosmos Verlag.

Wettengl, Kurt (Hrsg.) (1997): *Maria Sibylla Merian. Künstlerin und Naturforscherin zwischen Frankfurt und Surinam (1647–1717).* Publikation zur Ausstellung im Historischen Museum Frankfurt vom 18. Dezember 1997 bis 1. März 1998. Ostfildern: Hatje Cantz Verlag.

Internetquellen:

Schmitt, Stefan: *Macht der Natur – Maria Sibylla Merian.* In: DIE ZEIT, 12.11.2009 Nr. 24.
URL: *http://www.zeit.de/2009/47/Vorbilder-Merian* (abgerufen am: 15.11.2011)

Merian, Maria Sibylla (1705): *Metamorphosis insectorum Surinamensium.* Digitalisierte niederländische Originalausgabe auf der Internetseite des Digitalisierungsprojektes der Universität Göttingen (GDZ).
URL: *http://gdz.sub.uni-goettingen.de/dms/load/img/?PPN=PPN477653782* (abgerufen am: 15.11.2011)

Im Schneckentempo durch den Wald

(Nataly Vellmer)

Geduldig hatten sie in den Erdlöchern ausgeharrt. Tage völliger Trockenheit lagen hinter ihnen. Nun kam er endlich, der ersehnte Regen! Feucht und warm prasselte er auf das Laubdach und spülte die Staubschicht, die sich wie ein grauer Schleier über den gesamten Wald gelegt hatte, davon. Es roch herrlich nach Sommer. Gräser, Blätter und Moose schimmerten schon bald in den schönsten Grüntönen. Als leuchtend orangerote Farbkleckse kamen sie nun aus ihren Verstecken hervor. Auf der Suche nach Nahrung krochen sie im Zeitlupentempo über den matschigen Waldboden und hinterließen ihre schleimigen Spuren...

1. **Warst du schon einmal während oder nach einem Sommerregen im Wald? Erinnerst du dich noch an Gerüche, Farben oder Tiere?**
2. **Von welchem Waldbewohner ist wohl im Text die Rede? Was verbindest du mit diesem Tier? Notiere kurz einige Stichworte.**

Eine rote Nacktschnecke begibt sich nach einem Regenschauer auf Nahrungssuche.

Nacktschnecken gehören genau wie Muscheln oder Tintenfische zu den Weichtieren. Sie kommen sowohl an Land als auch im Wasser vor und bilden eine sehr heterogene Gruppe. In den mitteleuropäischen Wäldern findet man überwiegend Weg-, Egel- und Ackerschnecken. Einige von ihnen sind wahre Allesfresser. Sie machen weder vor schönen Zier- und Nutzpflanzen, noch vor schwachen oder verletzten Artgenossen halt und gelten als Schädlinge. Trotzdem erfüllen sie eine wichtige Funktion im Stoffkreislauf. Indem sie welke Pflanzen, alte Pilze, modriges Holz und tote Tiere zersetzen, tragen sie dazu bei, dass der Wald nicht zu einer „Müllhalde“ verkommt, sondern fruchtbarer Boden entsteht. Auf diesem kann dann neues Leben wachsen und gedeihen.

Nacktschnecken – schleimig, eklig, widerlich?!

Schleim ist für die meisten Nacktschnecken so wichtig wie die Luft zum Atmen. Auf ihm bewegen sie sich fort, schützen sich vor Feinden und vor dem Austrocknen. Im Gegensatz zu anderen Schneckenarten, wie der Weinberg- oder Hain-Bänderschnecke, haben sie nämlich kein attraktives Gehäuse, in das sie sich bei Gefahr oder Trockenheit zurückziehen können. Vor allem ihre Schleimigkeit macht Nacktschnecken aber zu einer der unbeliebtesten Tierarten. Man stelle sich nur einmal vor, solch ein Tierchen anfassen zu müssen! Der Gedanke allein verursacht bei vielen Menschen ein Gefühl des Ekels.

Dennoch lohnt sich auch bei dieser Tierart ein zweiter Blick: Ihre filigranen Fühler, ihre Farben und Formen können bei genauer Betrachtung durchaus beeindrucken.

Beispiel aus der Kunst

Joris Hoefnagel: Zitrone, Nacktschnecke und Rittersporn, zwischen 1591–96, Wasserfarbe, Tinte, Gold- und Silberfarbe auf Pergament, 16,6 x 12,4 cm, Illumination aus der Mira Calligraphiae Monumenta im Besitz des Getty Museums LA.

Darstellungen von Nacktschnecken sind in der Kunst sehr selten. Ein besonders schönes Beispiel findet sich jedoch bei dem flämischen Maler **Joris Hoefnagel** (1552–1601). Hoefnagel war einer der letzten bedeutenden Illuminatoren (Buchmaler) in Europa. Er setzte entscheidende Impulse für die niederländische Stilllebenmalerei.

Um 1590 wurde er von Kaiser Rudolf II beauftragt, die „Mira Calligraphiae Monumenta" (Musterbuch der Kalligraphie), welche 30 Jahre zuvor von Georg Bocskay angefertigt worden war, mit Miniaturen zu versehen. In diesen Arbeiten spiegelt sich Hoefnagels Interesse für Flora und Fauna wieder. Viele der Illuminationen basieren auf Beobachtungen von Blumen, Früchten, Insekten und kleineren Tieren, die Hoefnagel in der Natur – beispielsweise in den Gärten des Kaisers – studierte.

Die Miniaturen des Künstlers bestechen durch ihre Farbbrillanz und Detailgenauigkeit. Auch die Nacktschnecke, deren geschwungene Form mit dem kunstvollen Schriftbild korrespondiert, wirkt täuschend echt. Die Tatsache, dass der Künstler dieses primitive Tier zur Zierde eines sehr wertvollen Buches wählte, zeigt, dass Hoefnagel in der Schnecke wohl mehr gesehen haben muss als nur einen ekligen Schädling.

Arbeitsblatt Die Farben der Nacktschnecken

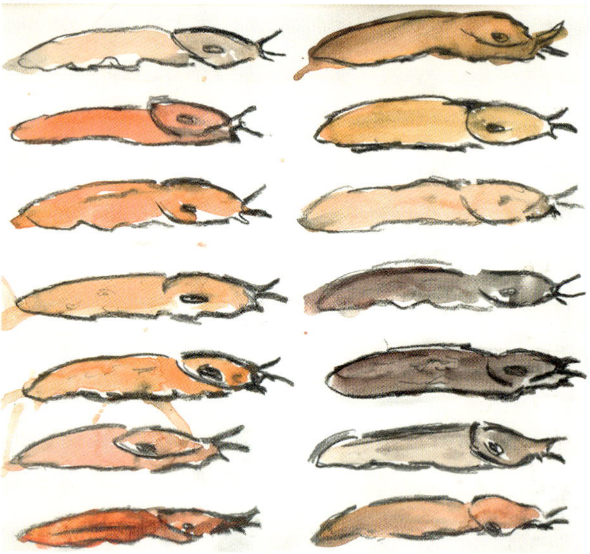

Farbstudien zu Nacktschnecken

„Das Tier besitzt eine ungemeine Anpassungsfähigkeit. Hier, wo wir Sandboden haben, ist es schwarz; dort weiterhin im Lehmlande wird es immer brauner, und dahinten endlich, in den Bergen auf dem strengen Kalke prangt es im allerblinkesten Feuerrot. Noch bunter benimmt es sich in der Jugend; da gibt es einfarbige, gestreifte, halb gestreifte, rote, gelbe, braune, grünliche, aschgraue, eselsgraue und so weiter und so weiter."

(Zitat nach Hermann Löns „Ein ekliges Tier", 1911)

1 Lies zunächst den Textauszug eines Zeitungsartikels über Nacktschnecken durch. (Da der Dichter und Naturforscher Herman Löns den Text vor mehr als 100 Jahren schrieb, kann es sein, dass dir einige Formulierungen etwas merkwürdig erscheinen.)

2 Suche im Internet oder in Büchern Bilder von Nacktschnecken, die deren Farbenvielfalt veranschaulichen.

Falls es die Jahreszeit und das Wetter zulassen, kannst du vielleicht selber im Garten, auf dem Schulhof oder im Wald nach Nacktschnecken Ausschau halten und sie mit einer Kamera festhalten.

3 Zeichne mit Bleistift oder Kohle die Umrisse möglichst vieler Nacktschnecken auf ein Blatt Papier.

Tipp: Wenn du Kohle verwendest, solltest du die Zeichnung anschließend fixieren!

Koloriere die Nacktschnecken nun in möglichst vielen verschiedenen Farbtönen, probiere dazu verschiedene Mischungen von Farben aus deinem Farbkasten aus. Probiere auch aus, was mit einer Farbe passiert, wenn du mehr bzw. weniger Wasser verwendest.

Nacktschnecken aus Salzteig formen

Zeitaufwand: Ca. 2 Schulstunden + Trocknungszeit + anschließendes Bemalen

Nacktschnecken haben eine sehr einfache Form, mit nur wenigen Details. Ihre Herstellung aus Salzteig eignet sich daher besonders gut für Schülerinnen und Schüler, die wenig Erfahrung mit plastischem Gestalten haben.

Man benötigt: Mehl, Salz, Speiseöl, Wasser, eine Schüssel, einen Bleistift, einen Farbkasten und Pinsel

Nacktschnecken aus Salzteig

1. 100 g Mehl, 50 g Salz, 2 EL Öl und ca. 50 ml Wasser in eine Schüssel geben.
   Die hier angegebene Menge reicht für eine ca. 15 cm große Nacktschnecke oder drei kleinere Exemplare. (Je kleiner die Nacktschnecke, desto mehr Fingerspitzengefühl ist jedoch bei der Gestaltung gefragt.)

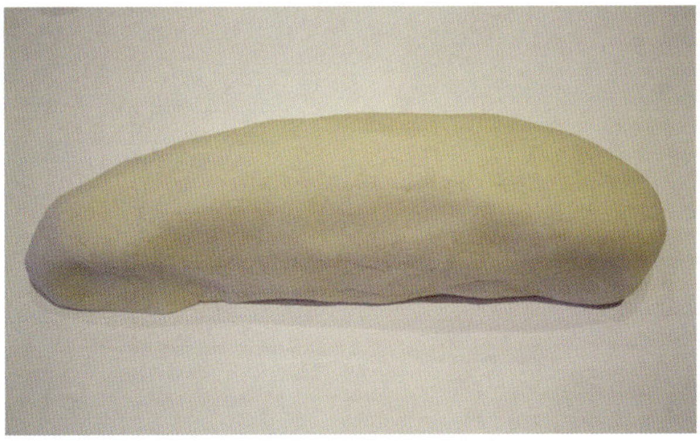

2. Den Teig solange vermengen bis eine homogene Masse entsteht, die eine ähnliche Konsistenz wie Knete aufweist.
   Anschließend aus dem Teig eine Rolle formen.

3. Mit den Fingern die grobe Form der Nacktschnecke ausarbeiten.

   Tipp: Sollte der Teig während der Bearbeitung zu flüssig bzw. zu trocken werden, kann etwas Mehl bzw. Wasser hinzugegeben werden.

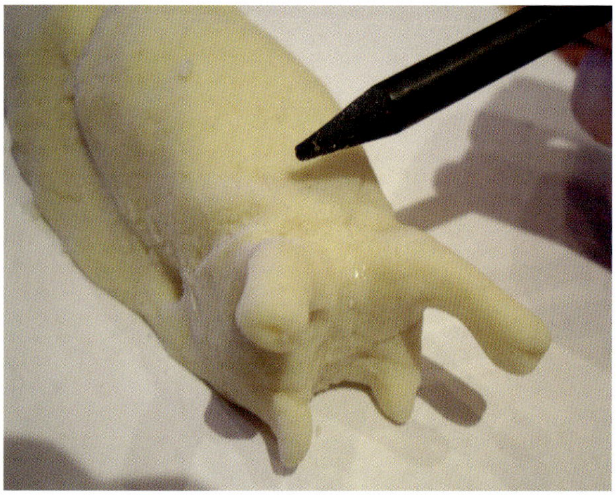

4. Details, wie die geriffelte Körperoberfläche oder das Atemloch, können mit einem Bleistift oder einem anderen spitzen Gegenstand erzeugt werden.

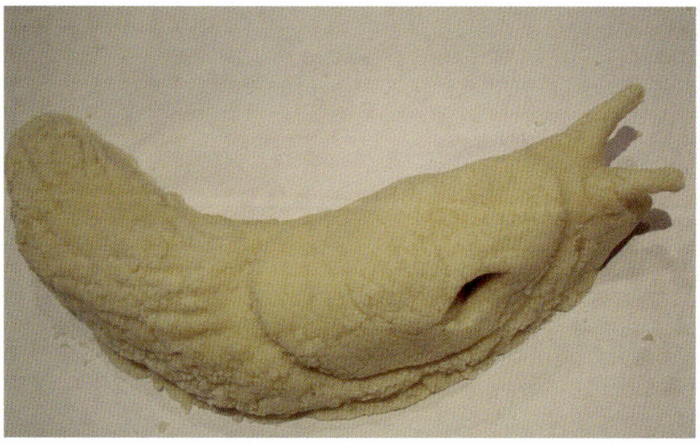

5. Die fertige Nacktschnecke mehrere Stunden an der Luft trocknen lassen oder bei ca. 150 °C etwa ca. 30–40 Minuten im Ofen backen.

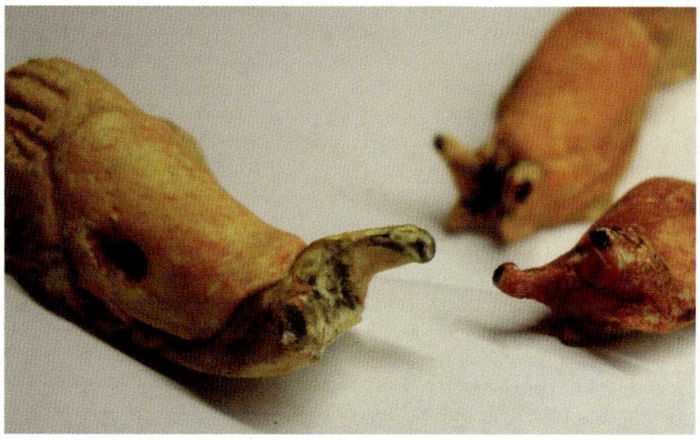

6. Wenn die Nacktschnecke vollständig ausgehärtet ist, kann sie mit Farbe bemalt werden.

   Tipp: Salz wird manchmal als Hausmittel gegen Nacktschnecken verwendet. Da ihre Herstellung aus Salzteig somit eine gewisse Ironie in sich birgt, ermöglicht diese Aufgabe auch eine Reflexion über die Bedeutung und Aussagekraft des Materials in künstlerischen Arbeiten.

Arbeitsblatt Ein „Haus“ für eine Nacktschnecke

Die Nacktschnecke Nofretete mit Fliegenpilzhaus.

Die Nacktschnecke Nofretete ist sehr auf ihre Schönheit bedacht. Obwohl sie durch ihre Körperfarbe bereits ein „echter Hingucker“ ist, möchte sie ständig ihr Aussehen optimieren.

Neulich hat sie gesehen, dass manche Schnecken ein Gehäuse mit sich herumtragen. Nun möchte sie auch ein solch schönes Schmuckstück haben. Im Wald begibt sie sich daher auf die Suche nach etwas Verwendbarem ...

Dafür benötigst du folgendes Material:
Bleistift, Pinsel, Farbkasten, Papier, Salzteig oder Knete

1 Lies zunächst den kurzen Text. Überlege dann, welches Fundstück deine Nacktschnecke als Haus verwenden könnte?
Tipp: Du kannst im Prinzip jeden beliebigen Gegenstand dafür wählen.

2 Fertige mit Bleistift im unteren Kästchen eine Skizze von dem von dir gewählten Gegenstand an.

3 Zeichne nun auf einem separaten Blatt eine Nacktschnecke mit einem „Phantasiehaus“, das auf deinem gezeichneten Gegenstand basiert. Dafür musst du dessen Form eventuell ein wenig vereinfachen. Die Nacktschnecke kann sowohl naturalistisch als auch comichaft gestaltet sein.

4 Setze deine Skizze anschließend in eine Plastik aus Salzteig (alternativ aus Knete oder Ton) um.

5 Wenn der Teig getrocknet ist, kannst du dein Werk mit Farbe bemalen.

Quellenverzeichnis

Abbildungen:

Seite 44	*Nacktschnecke auf Nahrungssuche*. Foto: Nataly Vellmer.
Seite 45	Joris Hoefnagel: *Zitrone, Nacktschnecke und Rittersporn*, zwischen 1591–96, Illumination aus *Mira Calligraphiae Monumenta* im Besitz des Getty Museums Los Angeles.
Seite 46	Farbstudie Nacktschnecken, 2011. Aquarell. Eigenes Werk: Nataly Vellmer.
Seite 47/48	*Arbeitsschritte Nacktschnecken aus Salzteig formen,* 2011. Eigenes Werk: Nataly Vellmer.
Seite 49	*Die Nacktschnecke Nofretete mit Fliegenpilzhaus,* 2011. Aquarell. Eigenes Werk: Nataly Vellmer.

Literatur:

Buse, Lutger/Godan, Dora (1999): *Nacktschnecken. Auf leisen Sohlen durch die Welt.* Georgsmarienhütte: Edition Libéracion.

Dircksen Rolf/Dircksen Grete (1960): *Tierkunde. Band II. Wirbellose Tiere.* München: Bayrischer Schulbuch Verlag.

Internetquellen:

Löns, Hermann (1911): Ein ekliges Tier. 4. Beilage des Hannover'schen Tageblatts, 4. Juni 1911.
URL: *http://www.weichtiere.at/geschichten/loens/ekliges_tier.html* (abgerufen am: 06.01.2012).

Information über Joris Hoefnagel.
URL: *http://www.getty.edu/art/gettyguide/artMakerDetails?maker=992* (abgerufen am: 06.01.2012).

Information zu: Mira Calligraphiae Monumenta.
URL: *http://www.getty.edu/art/gettyguide/artObjectDetails?artobj=1756* (abgerufen am: 06.01.2012)

Das Reh: Ein Waldbewohner stellt sich vor (Johanna Tewes)

Zum Verhältnis von Reh und Mensch in der Kulturgeschichte

Rehe sind beliebte Protagonisten in Märchen, Sagen oder Jagd-, Wald- und Heimatliedern. Besonders bekannt ist die Lebensgeschichte von „Bambi", die 1923 von Felix Salten verfasst und 1942 von Walt Disney verfilmt wurde. Darin erlebt der ungestüme Rehbock Abenteuer im Wald und lernt zugleich auch die dort lauernden Gefahren durch die Menschen und besonders die Jäger kennen. Auch das Volksmärchen „Brüderchen und Schwesterchen" der Brüder Grimm ist weit verbreitet. Darin kümmert sich das Schwesterchen liebevoll um ihren Bruder, welcher durch einen Fluch in ein Reh verwandelt wurde.

Links: Hund mit erlegtem Reh in Jagdstube, Bildpostkarte um 1900.
Rechts: Brüderchen und Schwesterchen, Märchenillustration Ende des 19. Jh.

1. **Betrachte die einzelnen Bilder im Vergleich mit der Rolle des Rehs in Märchen, Sagen und Gedichten. Beschreibe die Bandbreite der Beziehungsverhältnisse zwischen Mensch und Reh und halte deine Ergebnisse in einer Mind-Map fest: Lassen sich dabei typische Handlungsmuster feststellen? Werden Rehe von Männern beispielsweise anders behandelt und wahrgenommen als von Frauen?**

2. **Überlege, in welcher Beziehung du selbst zu einem Reh stehst. Wann und wo bist du ihm zum ersten Mal begegnet? Notiere deine Erfahrungen und Erinnerungen und verfasse daraus einen kleinen Text.**

Beispiel aus der Kunst: Andrea Lehmann

Andrea Lehmann (geb. 1975) ist eine zeitgenössische Düsseldorfer Malerin, die in ihrer „Waldfrauen“-Serie die Tradition der Märchen- und Sagenillustrationen wieder aufgreift. So treffen auch hier schöne Märchengestalten im Zauberwald auf die Zutraulichkeit eines von Natur aus scheuen Rehs. Der Anblick der emotional aufgeladenen Sujets mag dabei zunächst an Triviälästhetik und weibliche Tugenden der Friedfertigkeit, Fürsorge und der helfenden Tierliebe erinnern. Diese Handlungsmotive finden sich beispielsweise auch in dem Märchen „Brüderchen und Schwesterchen“.

Allerdings vollziehen diese Gemälde einen Bruch mit ihrer Vorlage. Bei näherem Hinsehen wirken die Protagonistinnen verwirrt und ihre Handlungen konfus. Es wird nicht klar, ob sie im Wald Schutz und Zuflucht suchen oder ob sie sich nur dorthin verirrt haben. Indem diese Frauen Rehe wie Pilze (ein-)sammeln, Fuchsgeburtstag feiern oder ein Reh am Ohr mit sich zerren, werden ihre Absichten unverständlich und wirken sonderbar. Vielleicht ist es der sonst so verständnisvollen, harmoniebedürftigen und friedfertigen Schwester mit den Flausen ihres Reh-Bruders zu bunt geworden und sie zieht jetzt los, um ihren eigenen Kopf durchzusetzen?

Welche Geschichten und Assoziationen fallen dir zu diesem Bild ein? Schreibe sie auf.

Andrea Lehmann: Frau im Wald mit Reh, 2003, Öl und Schellack auf Nessel, 260 x 350 cm, Courtesy Anna Klinkhammer Galerie. Foto: Wendelin Bottländer.

Das Reh in der Alltags- und Populärkultur (Stationenarbeit)

Bambi als Erfolgsformel

Station 1

Rehe sind Waldtiere. Sie leben in kleinen Rudeln und wirken mit ihrem zierlichen Kopf, dem schlanken Körper und den sehnigen Beinen sehr anmutig. Ihr Fell ist im Sommer rotbraun, im Winter eher grau. Nur das Fell der Jungtiere zeigt weiße Flecken und ein Geweih wächst ausschließlich den Rehböcken zur Verteidigung.

„Scheu wie ein Reh“ oder „flink wie ein Bock“: Stelle eine Liste mit Eigenschaften, Symboliken und Erkennungsmerkmalen zusammen, die ein Reh auszeichnen oder die ihm vom Menschen in Sprichwörtern, Liedern oder Geschichten zugeschrieben werden. Du kannst ergänzend auch Personen aus deiner Umgebung fragen, was sie mit einem Reh verbinden oder mit welchen Charakterzügen sie ein Reh beschreiben würden.

Station 2

Rehe sind als Motive in der Waren- und Alltagskultur sehr beliebt. Man findet sie in verschiedenen Variationen auf Kleidungsstücken, Geschirr, Taschen, Kissenbezügen oder Postkarten sowie als Stofftiere, Anstecker, Sticker, Anhänger, Ohrringe, Aufnäher oder Porzellanfiguren.

1. Sammle Gegenstände, Bilder und Produkte aus deinem Umfeld, auf denen Rehe abgebildet sind, oder die ein Reh als Marken- oder Erkennungszeichen haben. Dokumentiere deine Zusammenstellung in einem Bilder-/ Fotoheft.
2. Vergleiche deine Fundstücke anschließend sowohl untereinander als auch mit Abbildungen von echten Rehen aus Naturkundebüchern oder dem Internet. Arbeite die Unterschiede und Gemeinsamkeiten in der Darstellungsweise heraus und halte sie schriftlich fest: Lassen sich bestimmte Gestaltungsschemata oder stilistische Grundmuster erkennen?

Station 3

Als *Bambi-Effekt* wird eine Emotion bezeichnet, mit der Menschen auf den Anblick von Rehkitzen und anderen süßen Tieren reagieren, die im Kindchenschema abgebildet sind. Dadurch wirken sie besonders niedlich, tapsig und beschützenswert. So zeichnet sich auch das namensgebende Rehböckchen Bambi im gleichnamigen Disney-Film durch große Kulleraugen, pelzig-weiches Fell, Stupsnase und einen im Verhältnis zum Körper großen Kopf aus. Diese Merkmale werden in der Werbeindustrie ganz bewusst eingesetzt, um Produkte zu verkaufen und ihre Beliebtheit zu steigern.

1. Betrachte Bilder in Bambi-Ästhetik und halte die einzelnen Gesichts- und Proportionsmerkmale, die dieser Darstellung im Kindchenschema zugrunde liegen, in einer Liste mit ergänzenden Skizzen fest.
2. Gestalte danach ein Werbeplakat, in dem das Reaktionsmuster des Bambi-Effekts gebrochen oder die Merkmale der Bambi-Ästhetik verfremdet werden. Alternativ kannst du auch ein Produkt bewerben, bei dem eine Verwendung des Kindchenschemas keinen Sinn machen würde oder eine irritierende Wirkung auslöst.

Station 4

Schnecken, Haie, Spinnen, Kröten und Hyänen zählen zu den Tierarten, bei denen der Bambi-Effekt nicht eintritt. Hast du eine Erklärung dafür, warum das so sein könnte? Welche Folgen hat dies für den Schutz sowie die Darstellung und Wahrnehmung der genannten Tierarten in der Öffentlichkeit?

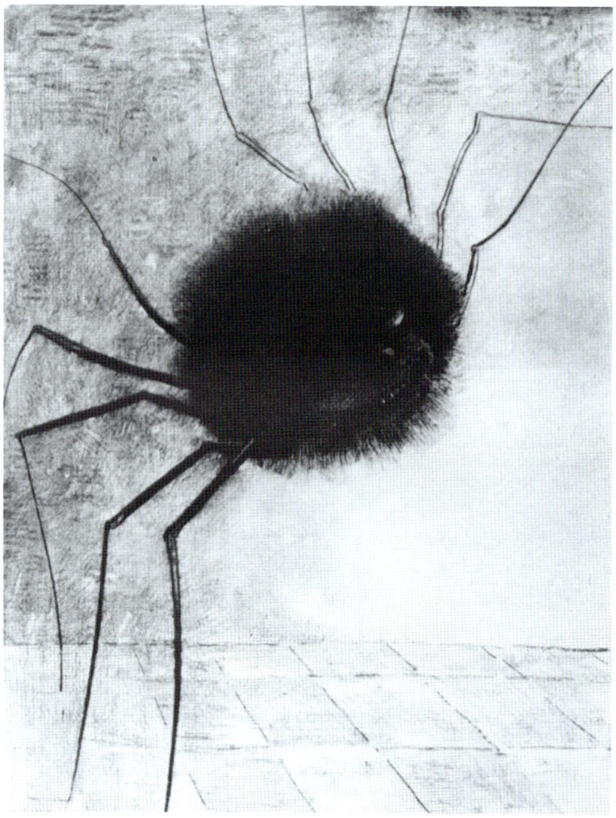

Fertige Zeichnungen oder Collagen an, in denen du die schematisierten Merkmale von Rehkitzen oder anderen Tieren im Kindchenschema mit Kennzeichen von Tieren mischst, die den Bambi-Effekt nicht erfüllen und im Gegenteil eher eine abschreckende Wirkung auf das Publikum haben. Dabei kannst du dich in der Wahl und Eingrenzung der Kombinationsmöglichkeiten an Begriffsgegensätzen wie süß und hässlich, freundlich und feindlich, liebenswert und abstoßend oder schön und monströs orientieren.

Beispiel aus der Kunst: Franz Marc

Aus der visuellen Kultur sind Rehe meist durch ganz naturalistische Darstellungen auf Jagdbildern oder aus Naturkundebüchern sowie in ihrer comichaften Schematisierung bekannt. Die expressionistischen Rehdarstellungen des deutschen Malers, Zeichners und Grafikers **Franz Marc** (1880–1916) bilden hierzu eine Ausnahme. Seine Motivserie zeigt verschiedene Möglichkeiten der formalen Abstraktion und der farblichen Reduktion eines Rehkörpers in variierenden Positionen, von sitzend oder schlafend über springend und spielend bis hin zum sterbenden Reh und seinem toten Kadaver.

Franz Marc: Rotes Reh und gelbe Antilope, 1913, 14 x 9 cm, Mischtechnik und Collage (Silberpapier), Staatsgalerie, Grafische Sammlung, Stuttgart.

Arbeitsblatt Fantasiegeweihe zeichnen

Dafür benötigst du folgendes Material:
Bleistift, Papier, Radiergummi

links: Geweih: a Edelhirsch, b Rehbock, c Damhirsch
rechts: Hans Hoffmann: Kopf eines Rehbocks mit monströsem Geweih, 1589, Staatliche Museen zu Berlin, Kupferstichkabinett.

1 Betrachte zunächst die Geweihe in Abbildung 1.

2 Fertige in dem ersten freien Feld mit Bleistift eigene Skizzen zu Geweihformen an.

3 Betrachte nun die zweite Abbildung. Hast du so ein Geweih schon einmal gesehen? Woran erinnert es dich?

4 Fertige aufbauend auf deinen Skizzen selbst ein fiktives Geweih an. Dazu kannst du die Ausgangsformen wuchern lassen, sie mit Geweiharten anderer Tiere kombinieren oder dir eigene Fantasieauswüchse überlegen.

Arbeitsblatt

Tierspuren erkennen

(Valérie Dezes und Marlon von Rüden)

Versuche die Tierspuren anhand ihrer Form zu erkennen und zu benennen. Schreibe neben die Abbildungen, um welches Tier es sich handelt und woran du dieses erkannt hast.
Versuche in einem zweiten Schritt die Tiere aus deiner Erinnerung auf deinem Zeichenblock zu zeichnen.

Lösung: Fuchs, Hase, Reh, Wildschwein

Quellenverzeichnis

Abbildungen:

Seite 51 *Hund mit erlegtem Reh in der Jagdstube*, Bildpostkarte aus der Zeit um 1900.

Seite 51 *Brüderchen und Schwesterchen*, Illustration von Heinrich Leutemann oder Karl Offerdinger, Ende des 19. Jahrhunderts in: Mein erstes Märchenbuch, Stuttgart: Verlag Wilhelm Effenberger.

Seite 52 Andrea Lehmann: *Frau im Wald mit Reh*, 2003, Öl und Schellack auf Nessel, 260 x 350 cm, Courtesy Anna Klinkhammer Galerie. Foto: Wendelin Bottländer.

Seite 53 *Foto*: Johanna Tewes.

Seite 54 *Mädchen mit Reh und Hund,* Bildpostkarte aus der Zeit um 1900.

Seite 54 Odilon Redon: *Lachende Spinne*, 1881, 49,5 x 39 cm, Kohle auf Papier, Musée du Louvre, Paris, Cabinet dessins.

Seite 55 Franz Marc: *Rotes Reh und gelbe Antilope*, 1913, 14 x 9 cm, Mischtechnik und Collage (Silberpapier), Staatsgalerie, Grafische Sammlung.

Seite 56 *Geweih: a Edelhirsch, b Rehbock, c Damhirsch*, aus: Brockhaus Kleines Konversations-Lexikon, Fünfte Auflage von 1911.

Seite 56 Hans Hoffmann: *Kopf eines Rehbocks mit monströsem Geweih*, 1589, Staatliche Museen zu Berlin, Kupferstichkabinett.

Seite 57 *Tierspuren erkennen (Hase, Reh, Wildschwein, Fuchs)*, 2011. Buntstift. Eigene Werke: Valérie Dezes und Marlon von Rüden.

Literatur:

Tewes, Johanna (2010): *Phantastische Bildwelten zwischen Gothic, Kitsch und Mythologie. Die künstlerischen Strategien Andrea Lehmanns und ihre didaktischen Schnittstellen.* (Kontext Kunst – Vermittlung – Kulturelle Bildung, Bd. 5), Marburg: Tectum.

Von Eulen und Federn

(Valentina Neumann)

Die Eule – ein besonderer Vogel

Valentina Neumann: Uhu, 2011, Acryl auf Leinwand, 40 x 60 cm.

Eulen sind mit einer Vielzahl von Arten über die ganze Erde verbreitet. In der gesamtgeschichtlichen Betrachtung gilt die Eule als sehr alt. In Mythologie und Volksglauben wird sie sowohl als Symbol der Weisheit als auch als Botin des Bösen angesehen. Aus diesen Gründen löst die Eule bei uns Menschen gleichzeitig Gefühle der Begeisterung und der Furcht aus.
Das Besondere: Der äußere und innere Bau der Augen und Ohren ist bei Eulen gänzlich anders als bei anderen Vögeln. Die Eule hat sehr große und nach vorne gerichtete Augen. Ihr Gesicht wirkt dadurch fast menschenähnlich. Der Kopf einer Eule ist zudem außerordentlich weit drehbar – über 180°. Im Sitzen kann die Eule den Kopf so weit nach links oder rechts drehen, dass sie über die jeweilige Schulter schauen kann. Der Eindruck von einem massiven Eulenkörper wird überwiegend durch das reiche und lockere Gefieder hervorgerufen.
Die wesentlichen Körpermerkmale einer Eule sind: Kopf, Ohröffnungen, Augen, Schleier, Schnabel, Flügel, vier lange scharfe Krallen.

1. **Hast du schon einmal eine echte Eule z. B. bei einem Waldspaziergang mit deiner Familie oder vielleicht im Zoo gesehen? Wie hat dieser Vogel auf dich gewirkt? Beschreibe deine Gefühle bei dieser Begegnung.**
2. **Was fällt dir zu Eulen ein bzw. was weißt du über sie?**

Arbeitsblatt Von Eulen …

Dafür benötigst du folgendes Material:
Abbildungen von Eulen, Schere, Klebstoff, Papier (DIN A4 und A3), Bleistift

1 Suche zunächst nach Bildern von Eulen in diversen Medien (Internet, Zeitschriften, Bücher o. Ä.) und drucke bzw. schneide sie aus oder kopiere sie.

2 Recherchiere danach insgesamt sechs Eulenarten und beobachte deren äußere Eigenschaften genau. Siehe z.B. *http://www.eulenwelt.de.*

3 Erstelle auf einem separaten Blatt eine Tabelle mit sechs Spalten in denen die äußeren Eigenschaften aufgelistet werden. Überschreibe die Spalten mit: Name, Farbe des Gefieders, Schnabel, Augenfarbe, Gesichtsschleier, Ohrbüschel. Ergänze dann die gefragten Informationen und klebe anschließend eine Abbildung der jeweiligen Eulenart links vor den Namen (Siehe Beispieltabelle).

Name	Färbung des Gefieders	Schnabel	Augenfarbe	Gesichts-Schleier	Ohrbüschel
Uhu	rostbraun, gelblich schwarze, dunkelbraune Flecken	schwarz, nach innen gebogen	gelb-orange	außen um die Augen markant geklammert	mittelgroß
Schleiereule	…				
…					

4 Entscheide dich für eine Eulenart und zeichne sie auf dickeres Papier (ca. 160 g schwer, im DIN A3-Format). Ein Beispiel für eine Eulenabbildung und eine entsprechende Zeichnung sind hier rechts zu sehen.

Tipp: Achte bei der Zeichnung nur auf die wichtigsten Konturen!

Arbeitsblatt

Eulen und ihr Gefieder – Materialcollage

Das Gefieder einer Eule ist insgesamt sehr weich und geschmeidig. Es besteht aus feinstrahligen Flaumfedern am Körper und Schwungfedern an den Flügeln, die eine sogenannte Zähnelung an der Außenfahne aufweisen. Diese Eigenschaften sorgen für einen lautlosen Flug und eine gute Anpassung an das Nachtleben im Wald. Die Färbung des Gefieders weist ein Nebeneinander von hellen und dunklen Farbtönen auf, das für eine gute Tarnung (Schutz vor Entdeckung) sorgt. Diese Merkmale – natürliche Farbigkeit, unterschiedliche Strukturformen, Farbabstufungen und Flügelzähnelungen des Eulengefieders – sollen mit ungewöhnlichen Materialien nachempfunden werden.

Dafür benötigst du folgendes Material:
Festes Papier (DIN A3), Spachtelmasse, Spachtel, mögliches Material: Sultaninen, Mandeln gehobelt, gestiftelte Mandeln, braune Linsen, gelbe Schälerbsen, Schokoladenblättchen, Schokoladenraspel, Buchweizen, Sonnenblumenkerne, Cornflakes, große Haferflocken, Kuskus, rohe Maiskörner, Reis etc.

Tipp: Du kannst aber auch Naturmaterial aus Wald und Flur verwenden!

1 Beginne deine Materialcollage mit dem Eulenkopf. Arbeite von oben nach unten weiter, indem du jeweils auf einen kleinen Bildausschnitt zuerst die Spachtelmasse aufträgst und diese sofort mit Material auslegst.

2 **Tipp:** Achte bei der Auswahl des Materials besonders darauf, dass das Wechselspiel von hellen und dunklen Stellen im Gefieder angemessen wiedergegeben wird.

3 **Tipp:** Die Konturen der einzelnen Körperteile können am besten mit dunkleren Materialien, z. B. mit dunkelbraunen Schokoladenraspeln, betont werden.

4 Wenn die Materialcollage fertiggestellt ist, kannst du dir einen spannenden Hintergrund für deine Eule überlegen. Male ihn mit Wasserfarben passend zur Eule aus. Beispielsweise könnte die Eule auf einem Ast vor Blattwerk sitzen.

Eulen und ihr Gefieder - Materialcollage

Zeitaufwand: Ca. 2 Schulstunden

1. Hier folgt nun der Entstehungsprozess einer möglichen Materialcollage, am Beispiel einer Waldohreule. Die ausgewählte Eule wird abgezeichnet, sodass die Begrenzungslinien – Kopf, Gesichtsschleier, Augen, Schnabel, Ohrbüschel, Flügel, Schwanz und die Krallen – eindeutig nachvollziehbar sind. An diesen Begrenzungen wird sich auch die Gestaltung der Collage mit verschiedenen Materialien orientieren.

2. Mit dem Kopf wird begonnen: Die Spachtelmasse ist als Befestigungsmittel für das Gestaltungsmaterial gedacht. Die Spachtelmasse wird zunächst auf der Kopfpartie ca. 2 mm dünn mit einem kleineren Spachtel aufgetragen. Auf den Ohrbüscheln, der Stirn und zwischen den Augen werden Linsen in die Spachtelmasse gedrückt und dicht nebeneinander verteilt. Für den Schnabel eignen sich eher längliche, spitzer geformte Sultaninen.

3. Da die Waldohreule gelborange Augen hat, werden für die Iris gelbe Schälerbsen verwendet. Um die dunkle Augen-umrandung hervorzuheben, können unter die Augen jeweils drei Linsen aufgeklebt werden.

4. Das Gesichtsgefieder ist in Beige, mit hellbraunen Farbtönen gehalten – deshalb eignen sich Mandeln besonders gut. Der Bereich innerhalb des Gesichtsschleiers wird mit gestiftelten Mandeln, die Augen umkreisend, ausgelegt. Für den fast schwarzen Gesichtsschleier und die innere Umrandung der Augen, die zu den dunkelsten Gesichtsbereichen gehören, eignen sich besonders gut Schokoladenraspeln. Der restliche Kopf sollte gestaltet werden, indem gehobelte Mandeln überlappend aufgeklebt werden.

5. Für die Pupillen können zwei rundliche Sultaninen ausgewählt werden. Weil der Schnabel bei der Waldohreule oben von kleinen Federn bedeckt ist, werden an dieser Stelle auch zwei bis drei Mandelblättchen geklebt. Unter dem Kopf werden die dunklen Gefiederbereiche, die dreiecksförmig mit der Spitze nach unten verlaufen, mit Buchweizenkörnern ausgelegt. Für die hellen Stellen des Gefieders können ebenfalls gehobelte Mandeln verwendet werden. Die Zwischenräume werden mit Linsen aufgefüllt.

6. Als nächstes sollte die linke Flügelpartie gestaltet werden (helle Bereiche mit Mandelblättern und dunklere Stellen mit aufgeklebten Buchweizenkörnern). Der Teil, der farblich zwischen den dunkeln und den hellen Bereich liegt, wird mit Linsen ausgelegt. Die Federspitzen können mit Buchweizenkörnern abgerundet werden. Die länglichen, orange-grauen Federn, in der unteren linken Ecke, werden mit abgebrochenen Cornflakes und Sonnenblumenkernen gestaltet. Die Grenze zwischen dem Flügel und dem Körper lässt sich gut mit dunklen Schokoladenraspeln verdeutlichen.

7. Der Rest des Eulenkörpers und die rechte Flügelpartie der Waldohreule bestehen überwiegend aus gehobelten Mandeln und Buchweizenkörnern. Beim unteren Körperbereich ist zu beachten, dass Mandelblättchen und Körner in Streifen aufgeklebt werden. Die Grenze zwischen dem Körper und dem rechten Flügel wird ebenfalls mit dunkelbraunen Schokoladenraspeln akzentuiert.

8. Die Schwanzpartie der Waldohreule kann mit gräulichen Sonnenblumenkernen und gestiftelten Mandeln ausgelegt werden. Für die orangefarbenen feinen Federn an den Eulenfüßen eignen sich ebenfalls zerbrochene Cornflakes. Wie könnten wohl die langen spitzen Krallen gestaltet werden?

Tipp: Alternativ kann natürlich auch mit gesammelten Material aus Wald und Flur gearbeitet werden!

Beispiel aus der Kunst

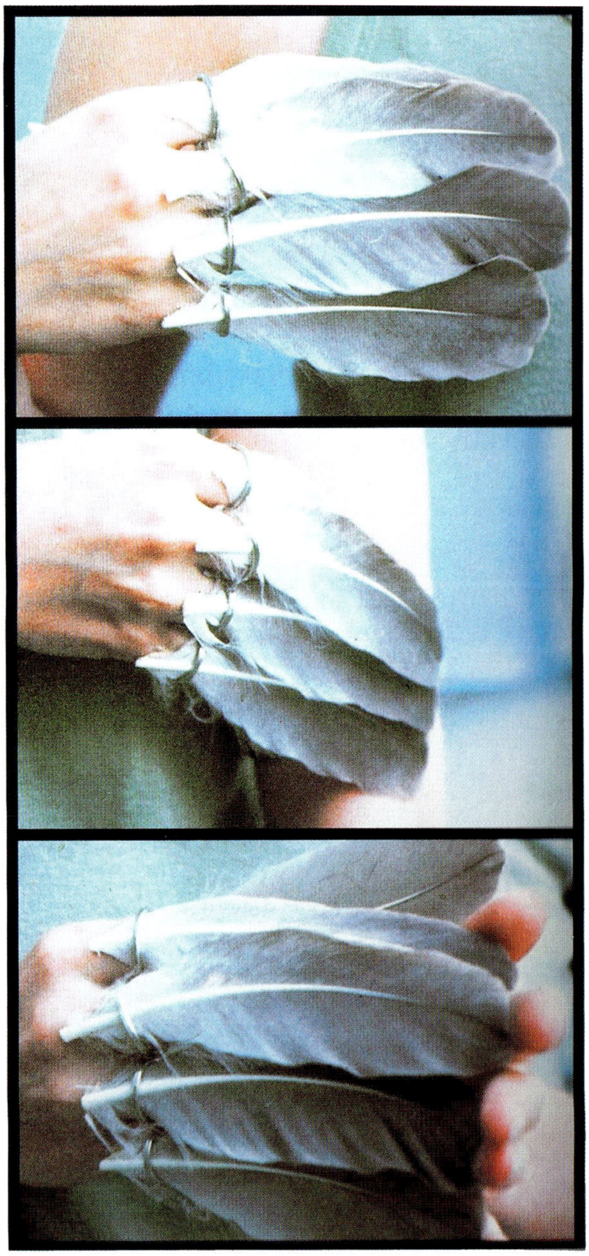

Rebecca Horn (geb. 1944, lebt und arbeitet in Berlin und Paris) arbeitet mit vielen unterschiedlichen Medien. Sie ist Bildhauerin, Zeichnerin, Regisseurin und Dichterin.
Bekannt ist sie u. a. für ihre Performances – körperbezogene Arbeiten, die zumeist fotografisch oder filmisch für die Nachwelt festgehalten worden sind.
Dabei hat die Künstlerin z. B. Körperteile mit Federn umhüllt, um das Vogelsein im Federkleid nachzuempfinden. Bei der Performance „Meine Hand kann fliegen (Federfinger)“, von 1972, befestigte sie Metallringe mit weißen Federn an ihren Fingern.
Federn sind im Vergleich zu Fingern leicht und weich. Finger können sich unterschiedlich ausdrücken, indem sie schnell etwas greifen, Gewichte fest- oder hochhalten, bohren, aufzeigen und auch zärtlich streicheln. Diese Eigenschaften mit Federn nachzuahmen ist fast unmöglich, da diese in ihrer Konstruktion viel zu empfindlich, nicht biegsam sondern eher zerbrechlich sind. Durch die Berührung mit der Feder kann der Tastsinn andersartig und neu erfahren werden.

Rebecca Horn: Meine Hand kann fliegen (Federfinger), 1972, Performance, Filmstreifen.

1. **Wie fühlt es sich an, mit Federn gestreichelt zu werden? Wie ist es, jemand anderen mit Federn zu berühren?**
2. **Worin liegen Unterschiede zwischen einer Berührung mit den Fingern und einer mit Federn?**
3. **Welche andersartigen, sinnlichen Erfahrungen lassen sich über die Anwendung solcher sogenannter „Körperextensionen“ machen? Wie kann man diese in Worte fassen?**

Arbeitsblatt … und Federn. Federn als Malwerkzeug

Dafür benötigst du folgendes Material:
Gummihandschuhe, Tesafilm, Federn, schwarzer oder roter Tee, Kaffee, Tuschkasten, Wasser, Zeichenblock (DIN A3)

1 Nachdem du herausgefunden hast, wie eine Eule aussieht, kannst du nun eine Eule frei aus dem Gedächtnis malen.

2 Entscheide dich zunächst für eines der folgenden Malmittel: Entweder verschiedene Teesorten bzw. Kaffee oder Tusche.

3 Male mit der weichen Seite einer Feder eine Eule auf deinen Zeichenblock. Du kannst entweder die Federn mit Tesafilm an einem Gummihandschuh befestigen und so mit „verlängerten Fingern" malen oder eine einzelne Feder einfach in die Hand nehmen und drauf los malen.

4 **Tipp:** Je mehr du dein Malmittel mit Wasser verdünnst, desto heller wird der Farbauftrag. Je weniger Wasser du benutzt, desto dunkler wird der Farbauftrag.

Vögel malen leicht gemacht

(Ariane Temme/Sabrina Zimmermann)

Zeitaufwand: Ca. 2 Schulstunden

1. Zuerst wird auf der linken Seite des Malgrundes mit einem mittleren Braunton die Fläche für den Baumstamm angelegt. Die Farbe sollte nicht zu gleichmäßig aufgetragen werden, damit später die Rindenstruktur des Baumes herausgearbeitet werden kann. Dann wird der Hintergrund in einem hellen Grün, mit einem breiten Pinsel durch lockere Pinselstriche, angelegt. Dabei wird die Fläche für den Kleiber grob ausgespart. Mit einem Ockerton wird der Bauch des Kleibers gemalt. Mit einem dunkleren Braun – hier Sienna – wird die runde Form der Bauchunterseite mit einigen geschwungenen Pinselstrichen nachempfunden. Die Unterseite des Schwanzes entsteht durch einen durchgehenden geraden Pinselstrich.

2. Mit einem hellen Blauton wird die Oberseite des Vogelkörpers angelegt. Dazu werden mit einem breiten Pinsel grobe Flächen nebeneinander gesetzt. Dabei kann der Untergrund an einigen Stellen stehen bleiben. Am Kopf des Vogels bleibt eine größere Fläche frei.

3. Mit Blau, Weiß und Mischungen aus beiden Farben wird ebenfalls eher grob das Gefieder des Kleibers nachempfunden. Dazu werden einzelne Flächen nebeneinander gesetzt, hellere Flächen treten dabei nach vorne, dunklere Flächen nach hinten. So entsteht ganz einfach die gewünschte Plastizität des Vogelkörpers. Ein wenig Blau wird in das Braun der Körperunterseite am Schwanzende gezogen.

4. Jetzt wird das Gefieder am Kopf mit einem sehr hellen Gelbton – eine Mischung aus wenig Gelb und viel Weiß – gemalt. Mit groben, leicht geschwungenen Pinselstrichen wird die Farbe auch in das Braun des Bauches gezogen, sodass die Farbe am Ende des Strichs nicht glatt, sondern in „Fransen" ausläuft. Danach werden mit einem sehr dunklen Blauton die Füße und das Gesicht gemalt. Die Füße werden mit einem kurzen Pinselstrich nur angedeutet. Der Schnabel und das Gesicht entstehen durch einen längeren, leicht gebogenen Strich. Das Auge wird durch einen kleinen Halbkreis gestaltet.

5. Durch kleine, dünne Striche mit einem dunklen Blauton werden einzelne Federn betont. Mit einem kleinen Pinsel werden die Lichtreflexionen im Auge ausgearbeitet. Um die Oberfläche des Baumstamms darzustellen, werden breite Striche mit dunklem Braun auf die hellere Grundfläche gesetzt. Für die Darstellung des Körperschattens, wird mit einem hellen Blauton (lasierender Farbauftrag) eine Linie an der Unterseite des Kleibers gezogen. Schließlich wird mit einem hellen Grünton der Hintergrund nochmals überarbeitet.

6. Um die Oberflächenstruktur des Baumstamms herauszuheben, wird mit einem sehr dunklen Braun in breiten Strichen gearbeitet. Zuletzt werden mit einem Braunton und einem Gelbton die Krallen und die Oberfläche der Vogelbeine überarbeitet.

Quellenverzeichnis

Abbildungen:

Seite 59	*Uhu,* 2011. Acryl auf Leinwand. Eigenes Werk: Valentina Neumann.
Seite 60/63	Dokumentationsfotos zur Materialcollage. Eigenes Werk: Valentina Neumann.
Seite 64	Rebecca Horn: *Meine Hand kann fliegen (Federfinger) Performance,* 1972. Bildquelle: Horn, Rebecca Nationalgalerie <Berlin>: *Rebecca Horn.* Ostfildern bei Stuttgart : Cantz , 1994 . Abb. 107 Meine Hand kann fliegen (Federfinger) Performance 1972, S113 Objekte und Installationen.
Seite 65	*Linke Abbildung,* In: Kathke, Petra (2008): *Ästhetische Bildung Kunst.* Frankfurt am Main: Grundschulverband, Arbeitskreis Grundschule (Pädagogische Leistungskultur). S. 13.
Seite 65	*Rechte Abbildung, In: Pädagogische Leistungskultur: Materialien für Klasse 1 bis 4,* Präsentation (Ku_PPT_01_ErfahrungsraumKunst) Folie7 auf CD-Rom.
Seite 66/67	*Vögel malen leicht gemacht,* 2011. Wasserfarbe. Eigenes Werk: Ariane Temme.

Literatur:

Beitrag von Leßmann, Sabina/Rottmann, Karin S.8–9 in Bund Deutscher Kunsterzieher e.V. : BDK-Mitteilungen. Hannover 32. Jahrgang Heft 1/1996.

Horn, Rebecca Nationalgalerie <Berlin> (1994): *Rebecca Horn.* Ostfildern bei Stuttgart: Cantz.

Kathke, Petra (2008): *Ästhetische Bildung Kunst* . Frankfurt am Main: Grundschulverband, Arbeitskreis Grundschule (Pädagogische Leistungskultur).

Mebs, Theodor (1977): *Eulen und Käuze.* Strigidae. Stuttgart: Franckh'sche Verlagshandlung, W. Keller & Co. (Kosmos Naturführer).

Internetquellenverzeichnis:

Hintergrundinformationen zu Eulen. URL: *http://www.eulenwelt.de* (abgerufen am: 01.02.2012)

Pilzkunde

(Oxana Buk)

Die Welt der Pilze früher und heute

Pilze faszinieren die Menschheit seit Jahrtausenden. In Märchen und Waldliedern wird von „Männlein im Walde" erzählt und gesungen. Eine uralte Sage berichtet von eigenartigen Gestalten, die mit dickem Leib und rundem Hut am Waldboden stehen, plötzlich erscheinen und rasch verschwinden.
Manche Pilze wachsen kreisförmig, sodass ein großer Pilz-Ring entsteht. Aufgrund dieser Wachstumsform sind Pilze mit Hexen, Elfen, guten oder bösartigen Schwammgeistern in Verbindung gebracht worden (daher die Bezeichnung „Hexenring").
Heil- oder Giftpilze und ihre halluzinogene Wirkung sind bereits Jahrtausende vor unserer Zeitrechnung aus verschiedenen Kulturkreisen bekannt und in religiösen Zeremonien eingesetzt worden. Heutzutage werden alle Mysterien um die Pilze hinsichtlich ihres Wachstums, ihrer Eigenschaften und ihrer Gattung wissenschaftlich erklärt.
Wir kommen fast täglich in irgendeiner Weise mit Pilzen in Berührung. Wir treffen sie nicht nur auf der Speisekarte (Champignons oder Pfifferlinge), sondern ebenso als Krankheitserreger oder hilfreiche Organismen für die Gewinnung von Antibiotika in der Medizin. Wir finden sie als nützliche Hefen in der Bäckerei, bei der Käse- oder Weinherstellung. Sie sind ebenso zerstörende Schimmelpilze im Haushalt wie gefragte Lebenspartner der Bäume, die ihre Mineralstoff- und Wasserversorgung verbessern. Nach wie vor betrachten die Menschen die Form- und Farbenvielfalt der Pilze als Inspirationsquelle im künstlerischen Bereich.

Links: Richard Doyle: Fairy Rings and Toadstools. 1875.
Rechts: Pilzstein, eine der als heilige Pilze verehrten Steinskulpturen, im Hochland von Guatemala 2000 v.u.Z.-200 u.Z.

1. **Betrachte beide Bilder in Bezug auf die Rezeptionsgeschichte der Pilze. Welche Wahrnehmungsmuster lassen sich hier deutlich erkennen?**
2. **Überlege, welchen Stellenwert Pilze in unserem Alltag einnehmen? Wo bist du schon Pilzen begegnet und welche Erfahrung hast du mit ihnen gemacht?**

Pilze zeichnen

Zeitaufwand: Ca. 2 Schulstunden

Die Vielfalt der Formen und Oberflächenstrukturen von Pilzen bietet zahlreiche Möglichkeiten, visuelle Eindrücke zeichnerisch zu erforschen. Im Vorfeld empfiehlt es sich, die Grundtechniken des Zeichnens, wie Linie, Parallel- und Kreuzschraffur, Punktierung oder Kritzel-Technik zu besprechen und, unter Beachtung der Lichtverhältnisse auf dem halb-runden Körper, zu üben.

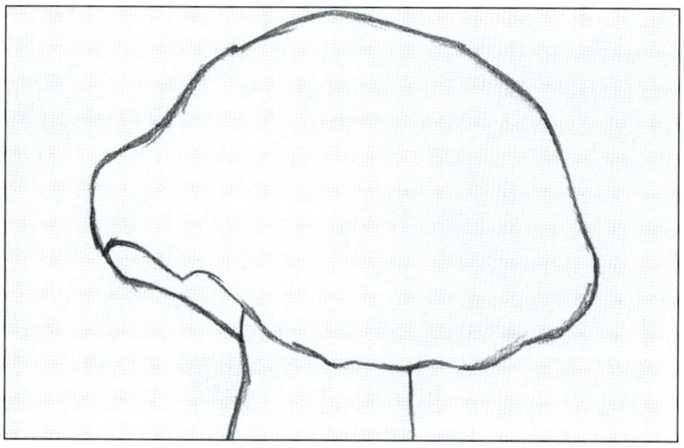

1. Bei der Zeichnung kommt es darauf an, mit einem Bleistift zuerst den Umriss des Objektes mit fließenden Strichen zu skizzieren und diesen nach und nach auszuarbeiten.

   Tipp: Für das Skizzieren empfiehlt es sich, mit einem Bleistift der Stärke B bis 3B zu arbeiten; diese sind weich und lassen sich besser radieren.

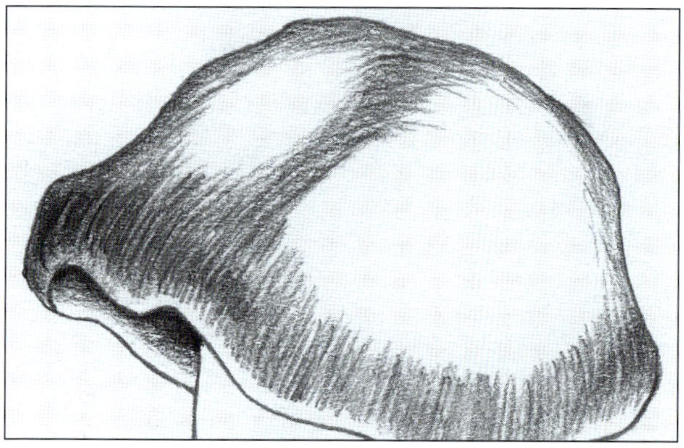

2. Das Zeichnen erfordert mehrfaches Hinsehen und Beobachten des Objekts: Der Pilz wird in Formen und in hellere und dunklere Flächen zerlegt. Dabei ist die Position der Lichtquelle zu beachten. Der Körperschatten auf dem Hut wird mit einem Bleistift (3B) kurvenförmig schraffiert, sodass die eng nebeneinander folgenden Bögen die Krümmungen des Huts verdeutlichen. Die Hutunterseite wird mit einem Bleistift (6B) schattiert.

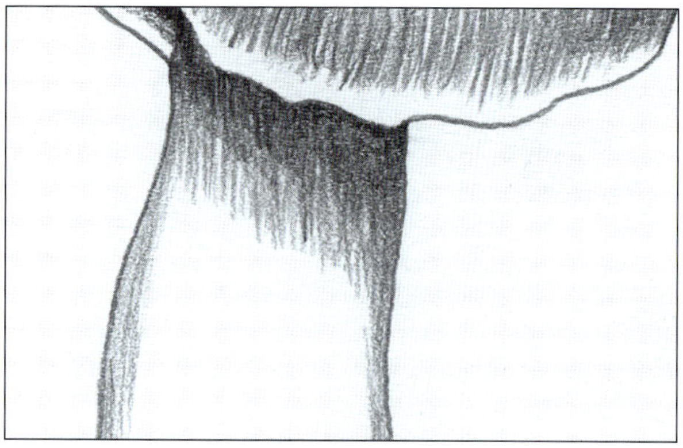

3. Der Eigenschatten auf dem Stiel wird mit einem Bleistift (3B) in Strichtechnik ausgeführt und anschließend die Fläche unmittelbar unter dem Hut mit einem Bleistift (6B) schraffiert. Hier ist jedoch darauf zu achten, den Schattenverlauf möglichst weich, ineinander übergehend zu zeichnen, um den Eindruck von Dreidimensionalität zu erzeugen.

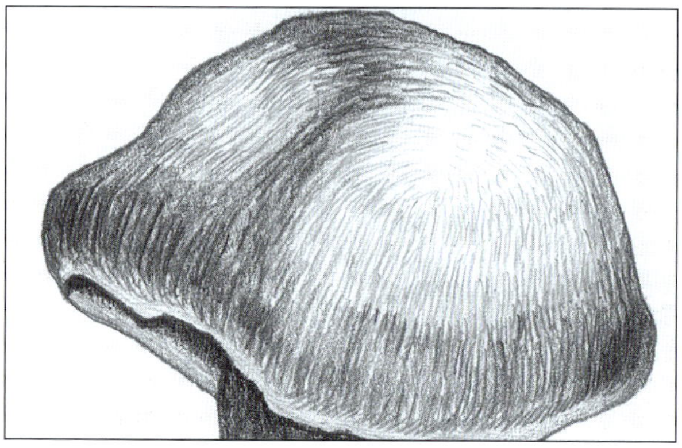

4. Mit einem Bleistift (HB) modelliert man den Halbschatten auf dem Hut, indem man kleine kurvig verlaufende Striche in mehreren Reihen zeichnet, die ebenfalls die Rundungen des Huts umlaufen, auch am Hutrand.

5. Die Lichtreflexion auf dem Hut kann mit wenigen dünnen, leicht gewölbten Strichen im Härtegrad H dargestellt werden, um die hellere Grautönung zu erhalten.

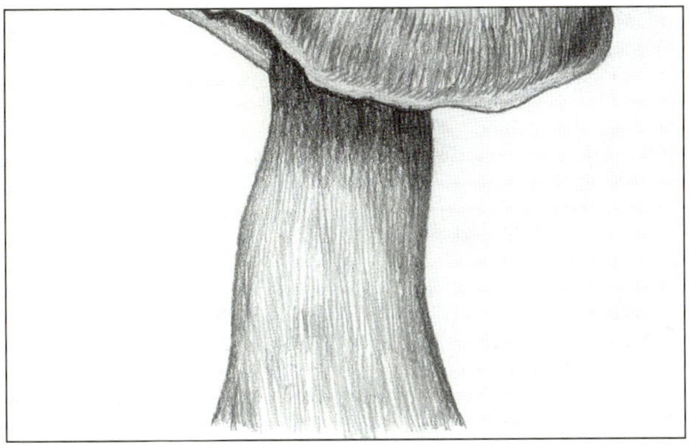

6. Auch der Stiel wird mit einem Bleistift der Härte HB schraffiert.

   Tipp: Bei der Darstellung von glatten Oberflächen muss die Strichführung gerade und weich, bei der von Krümmungen geschwungen, bei der von Unebenheiten ungleichmäßig und schwankend sein.

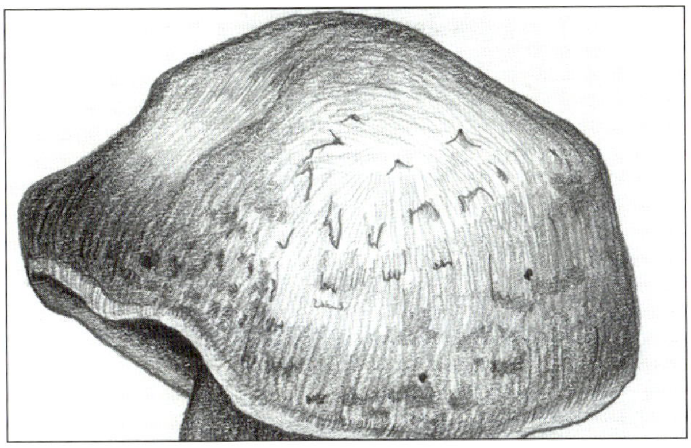

7. Mit den Strukturschraffierungen wird die Oberflächenstruktur des Pilzes angedeutet und seine besonderen Merkmale werden hervorgehoben. Für die hellen Flächen wird mit einem Bleistift der Härte H, für die halbschattigen Flächen mit einem Bleistift der Härte HB gezeichnet.
   Die Art der Strichführung ist von der Form und der Oberflächenstruktur des Objekts abhängig.

8. Einige Details wie Gräser, Blätter, kleine Äste oder Insekten können das Pilzporträt vollenden. Durch das Anwenden verschiedener Strichformen und unterschiedlicher Härten des Bleistifts entsteht der Eindruck von Dreidimensionalität und einer lebendigen Oberfläche des Pilzes.

Beispiele

Oxana Buk: Hallimaschfamilie, 2010. Bleistiftzeichnung mit Acryl, 21 x 29,7 cm

Oxana Buk: Buchen-Schleimrüblinge, 2010. Bleistiftzeichnung, 21 x 29,7 cm.

Arbeitsblatt | # Pilzporträt zeichnen

Dafür benötigst du folgendes Material:
Bleistifte in den Härtegraden H, HB, 3B, 5B oder 6B, Papier, Abbildung eines Pilzes oder Pilzplastik, Radiergummi

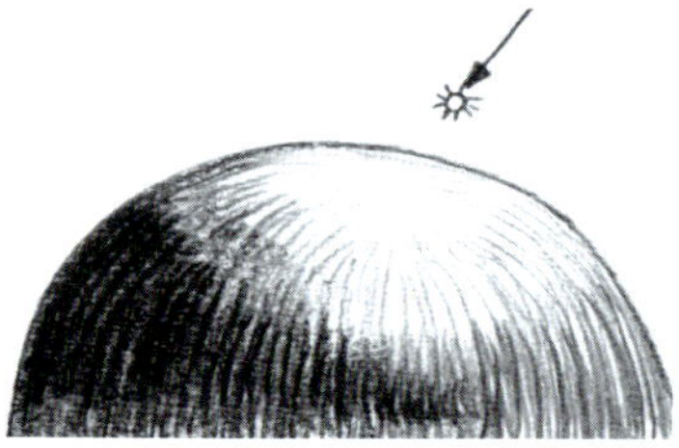
Parallelschraffur gewölbt (6B, HB, H)

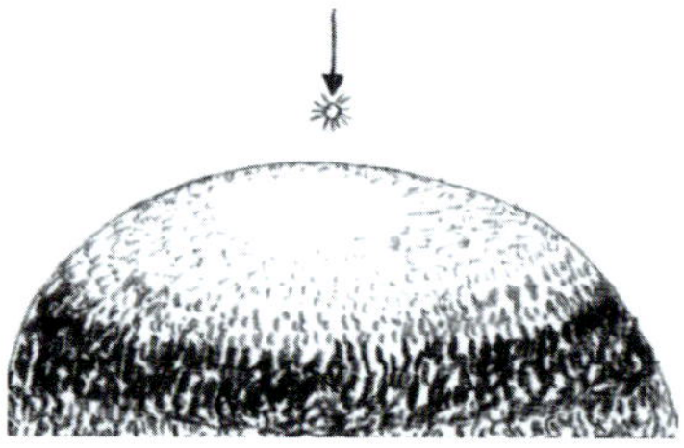
Punktierung (6B, HB, H)

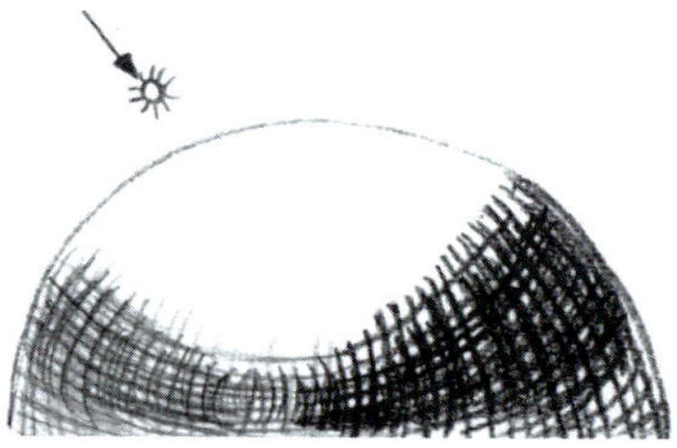
Kreuzschraffur (6B, HB, H)

1 Zeichne die drei oben dargestellten Schraffuren in die freien Kästchen. Beachte dabei die Strichführung, den Schattenverlauf und den Lichteinfall.

2 Nun betrachte deinen Pilz genau. Welche Formen haben sein Hut und sein Stiel? Skizziere seinen Umriss mit einem Bleistift (3B) und präzisiere danach die Konturen der einzelnen Elemente wie Hut, Stiel oder Manschette.

3 Beobachte deinen Pilz noch einmal. Welche Flächen auf dem Hut bzw. dem Stiel sind dunkel, mitteldunkel oder hell? Schraffiere die dunkle Fläche auf dem Hut, den Körperschatten mit dem gleichen Bleistift wie unter Punkt 2.

4 Nun zeichne den Körperschatten des Stiels. Ziehe die Striche in eine bestimmte Richtung, die die Form des Stiels nachempfindet.

5 Im nächsten Schritt kannst du die mitteldunkle Fläche auf dem Hut, den sogenannten Halbschatten, mit einem Bleistift (HB) schraffieren. Beachte dabei, dass die Striche weniger dicht aufeinander folgen müssen, um eine mitteldunkle Grautönung zu erhalten.

6 Helle Flächen auf dem Hut kannst du unregelmäßig mit einem Bleistift (H) punktieren, um den Eindruck von Leuchtkraft zu erzeugen.

7 Zeichne die Merkmale des Pilzes, wie Hautfetzen, Riefelung oder Oberflächenstruktur des Stiels, mit Hilfe der Strukturschraffuren, z. B. der gekritzelten Linie oder dem Zickzack-Strich.

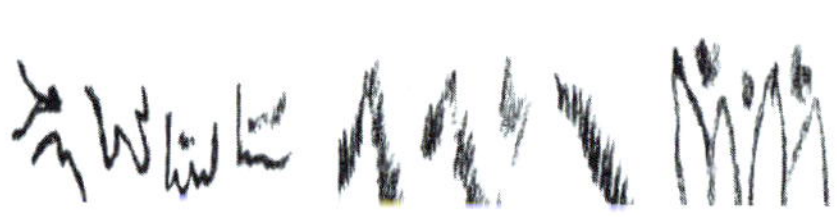

8 Einige Details wie Gräser, Blätter oder Insekten können dein Pilzporträt vollenden. Die Zeichnung ist fertig. Säubere den Hintergrund mit dem Radiergummi.

Pilze formen

Zeitaufwand: Ca. 2 Schulstunden

Das Formen von Pilzen mit Ton oder lufttrocknender Modelliermasse ermöglicht das Verstehen der Natur durch experimentelles und künstlerisches Handeln. Pilze, als faszinierende Lebewesen und mannigfaltige Formen der Natur, werden hierbei zum Gegenstand der Betrachtung, Entdeckung und Erforschung gemacht.

1. Zunächst wird aus der Modelliermasse eine Kugel geformt. Ihre Größe bestimmt das spätere Volumen des Pilzes.

   Tipp: Bei größeren Objekten aus lufttrocknender Modelliermasse empfiehlt es sich, einen Kern aus Aluminiumfolie zu umformen.

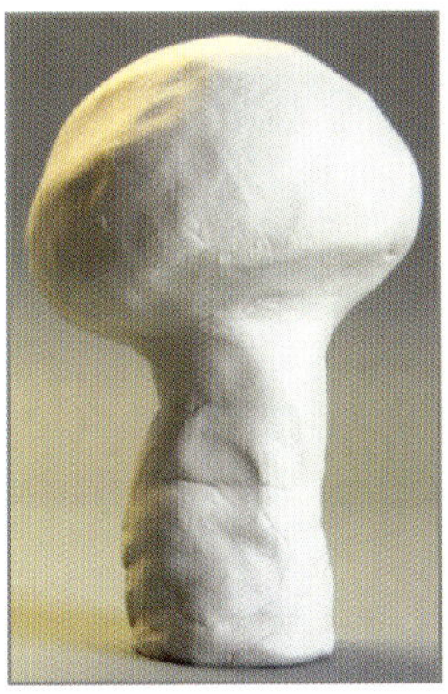

2. Aus der Kugel wird ein Fruchtkörper modelliert, der in seiner Grundkontur die Form des Pilzes aufgreift.

3. Mit einem Modellierstab kann die Hutunterseite je nach Hutbeschaffenheit geformt werden: rund, herablaufend, ausgebuchtet oder angewachsen.

4. Anschließend können die Lamellen auf der Hutunterseite geformt werden.

5. Aus einem Stück von der Modelliermasse werden zwei Streifen für die Manschette und die Hüllreste dünn ausgerollt und mit einem gerieften Rand versehen. Die Größe der Manschette ist vom Umfang des Stiels abhängig.

6. Die Manschette wird fest genug an die Stielspitze gepresst und nahtlos verstrichen. Die Reste der Gesamthülle werden im gleichen Verfahren über die Stielbasis gelegt.

   Tipp: Damit die Teile besser miteinander verbunden werden, empfiehlt es sich, diese leicht mit den Fingern oder einem Wasserzerstäuber anzufeuchten.

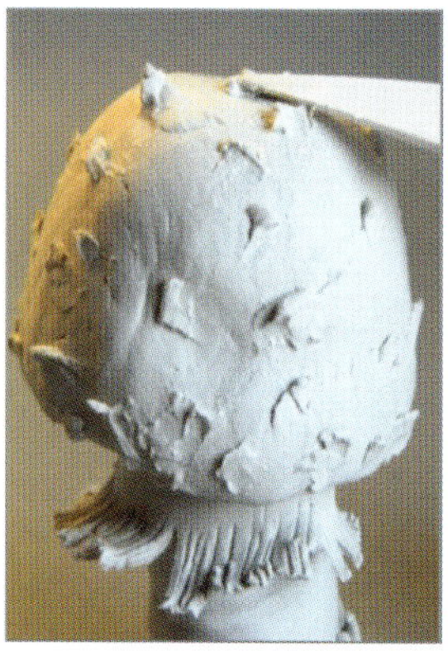

7. Nun können letzte Feinarbeiten am Pilz wie Vertiefungen, Glättungen oder märchenhafte weiße Flocken des Fliegenpilzes mit einem Modellierstab in Angriff genommen werden.

8. Die Pilzplastik wird zum Trocknen gestellt. Nach 8–10 Tagen ist sie „knochentrocken“ und leicht. Anschließend kann der Pilz mit Acrylfarbe naturgetreu oder fantasievoll bemalt werden.

   Tipp: Die Plastiken aus lufttrocknender Modelliermasse müssen nicht gebrannt werden und eignen sich hervorragend für weitere Gestaltung.

Beispiel aus der Kunst

Carsten Höller (geb. 1961), Objekt- und Installationskünstler, geht in der Ausstellung „Soma“ der Suche nach dem Ursprung des gleichnamigen sagenhaften Tranks aus dem zweiten Jahrtausend v. Chr. nach. Laut Überlieferung verschaffte er den Zugang zur göttlichen Sphäre und wurde von den vedischen Völkern bei religiösen Ritualen eingesetzt.
Die Protagonisten seines Werkes sind Rentiere, Kanarienvögel, Mäuse, Fliegen und Pilze.
Mit „Soma“ erreicht Höller eine Schnittstelle zwischen Wissenschaft und Kunst und lädt die Betrachter ein, dieses überdimensionale Experiment, ausgehend von eigener Sinneswahrnehmung, zu bewerten.

Arbeitsblatt Pilze formen

Dafür benötigst du folgendes Material:
Modelliermasse, Modellierwerkzeug, Draht, Abbildung eines Pilzes, Bleistift, Acrylfarben, Pinsel

1 Überlege, welchen Pilz du modellieren möchtest und zeichne seinen Umriss rechts in das freie Kästchen. Welchen Hut und Stiel hat er? Ist es ein Lamellen- oder Röhrenpilz? Oder ist es vielleicht ein Fantasiepilz?

2 Forme aus der Modelliermasse eine große Kugel, die ungefähr der späteren Größe deines Pilzes entsprechen soll.

3 Modelliere aus dieser Kugel den Pilzkörper, indem du den unteren Teil der Kugel zum Stiel und den oberen Teil zum Hut formst. Mit einem Modellierstab kannst du die Hutunterseite abrunden oder vertiefen.

4 Nimm zwei kleine Stücke von der Modelliermasse und rolle diese zu dünnen (ca. 3 mm), birnenförmigen Streifen für die Manschette und Hüllreste aus. Die Länge der Streifen ist vom Umfang des Stiels abhängig. Ritze am Rand der Streifen vertikale Linien oder Vertiefungen mit dem Modellierwerkzeug ein.

5 Befestige mit dem Modellierwerkzeug einen Streifen, die sogenannte Manschette, an der Stielspitze unter dem Hut und verstreiche ihn nahtlos mit angefeuchteten Fingern. Lege den zweiten Streifen, die Hüllreste, im gleichen Verfahren über die Stielbasis.

6 Wenn du einen Lamellenpilz modellierst, kannst du nun mit dem Modellierwerkzeug die Lamellen, blattartige, sporentragende Schichten, auf der Hutunterseite einkerben. Wenn du einen Röhrenpilz modellierst, kannst du die Röhren, röhrenartige, sporentragende Schichten, mit dem Draht punktieren. Benutze für die letzten Feinarbeiten, wie Vertiefungen oder Glättungen des Pilzes, ebenfalls einen Modellierstab.

7 Nachdem der Pilz an der Luft getrocknet ist, kannst du ihn mit Acrylfarbe phantasievoll oder auch naturgetreu bemalen.

Arbeitsblatt Pilze im Kunstlabor

Dafür benötigst du folgendes Material:
Schuhkarton, Bleistift, Pinsel, Wasser, Farbkasten, Acryl, Papier, Schere, Klebstoff, Stoffreste, Moos, Blätter, Gegenstände mit unterschiedlichen Oberflächenstrukturen für die Frottage, Modelliermasse, Packpapier für das Kunstheft, getöntes Papier

1 Überlege: Wie kannst du aus einem gewöhnlichen Schuhkarton ein Kunstlabor für die Pilzerforschung gestalten? Welche Aspekte des Pilzreiches sind für deine Erkundung interessant: Formen, Farben, Oberflächenstrukturen, Kulturgeschichte, Fantasiepilze?
Mit welchen künstlerischen Verfahren kannst du deine Ideen ausführen? Halte sie stichwortartig im freien Kasten fest.

Museumskoffer

Pilz-Frottage im Schuhkarton

Kunstheft

2 Beginne nun, den Schuhkarton umzuwandeln. Je nach Forschungsschwerpunkt kannst du ihn beispielsweise als eine Wald-, Märchen- oder Fantasielandschaft, einen Kunstatelier- oder einen Naturkoffer gestalten.

Einige Anregungen

Du kannst mehrere kleinformatige Pilzporträts zeichnen oder malen und so eine Pilzgalerie im Schuhkarton einrichten.

Oder du kannst mehrere Kleinplastiken aus Ton oder Modelliermasse formen und so einen Naturkoffer bestücken.

Fertige eine Frottage mit Fantasiepilzen und Bäumen an und verwende diese für weitere Gestaltungen. So gehst du vor: Suche in deiner Umgebung nach Dingen mit unterschiedlichen Oberflächenstrukturen, lege ein Blatt Papier auf und reibe mit einem Bleistift diese Strukturen in der gewünschten Form ab.

Du kannst außerdem ein Kunstheft mit individuellen Notizen, Skizzen, Fotos, Bildern von Pilzen aus der Populärkultur und mit gepressten Blättern von Baumpartnern der Pilze gestalten und so eine Spurensicherung vornehmen.

Quellenverzeichnis

Abbildungen:

Seite 69	*Pilzstein.* Steinskulptur aus dem Hochland Guatemalas.
Seite 69	Richard Doyle: *Fairy Rings and Toadstools,* 1875. Aquarelle. 50 x 34,5 cm.
Seite 70/71	*Pilze zeichnen* 2011, Zeichnungen. Eigenes Werk: Oxana Buk.
Seite 71	*Buchen-Schleimrüblinge,* 2010. Bleistiftzeichnung, 21 x 29,7 cm. Eigenes Werk: Oxana Buk.
Seite 71	*Hallimaschfamilie,* 2010. Bleistiftzeichnung mit Acryl, 21 x 29,7 cm. Eigenes Werk: Oxana Buk.
Seite 72	*Schraffuren,* 2011. Zeichnungen. Eigenes Werk: Oxana Buk.
Seite 73	*Fliegenpilz,* 2011. Foto: Oxana Buk.
Seite 73/74	*Pilze formen.* Eigenes Werk: Oxana Buk.
Seite 74	*Fliegenpilz,* 2011. Pilzplastik. Modelliermasse, Acryl. 11 cm x 6 cm. Eigenes Werk: Oxana Buk.
Seite 74	*Fichten-Steinpilz,* 2011. Pilzplastik. Modelliermasse, Acryl. 9 cm x 8 cm. Eigenes Werk: Oxana Buk.
Seite 74	Carsten Höller: *Soma,* 2010. Hamburger Bahnhof – Museum für Gegenwart – Berlin. Gesamtinstallation 17,35 x 72,26 x 10,5 Meter. Ausschnitt: Doppelpilzuhr. Fünf Doppelpilzrepliken in unterschiedlichen Größen, Polyester, Kunstharz, Acrylfarbe, Draht, Spachtelmasse, Polyurethan, Hartschaumstoff, Edelstahl, Tannenholz. Höhe: 350 cm, Durchmesser 550 cm. Foto: Attilio Maranzano. Bildquelle: Kittelmann, Udo u. a. (Hgg.): Carsten Höller. Soma. Dokumente. Ostfildern: Hatje Cantz 2011, S. 12.
Seite 76	*Museumskoffer,* 2011. Eigenes Werk: Oxana Buk.
Seite 76	*Pilzfrottage,* 2011. Eigenes Werk: Oxana Buk.
Seite 76	*Kunstheft,* 2011. Eigenes Werk: Oxana Buk.

Literatur:

Kittelmann, Udo u.a. (Hgg.): *Carsten Höller. Soma. Dokumente.* Ostfildern: Hatje Cantz 2011.

Zeitlmayr, Linus: *Knaurs Pilzbuch: Leben, Erkennen, Sammeln, Verwerten.* Mit zahlreichen Abbildungen im Text und 70 farbigen Pilzbildern von Claus Caspari. München: Droemer Knaur 1975.

Dörfelt, Heinrich: Die Welt der Pilze. 1. Aufl. Leipzig u.a., Frankfurt am Main: Urania-Verlag 1989.

Die Kunst der Naturbeschreibung

(Jutta Ströter-Bender)

Naturbeschreibung bei Emile Zola

Der französische Schriftsteller und Journalist Emile Zola (1840–1902) gilt als einer der größten Romanciers des 19. Jahrhunderts und als einer der Hauptvertreter des französischen Naturalismus. Seine sozialkritischen Romane sind jedoch auch immer wieder durchzogen von detaillierten Naturbeschreibungen und Beobachtungen, die zugleich eine hohe malerische Qualität repräsentieren. Zola war mit Vertretern des französischen Impressionismus, im Besonderen mit dem Maler Edouard Manet (1832–1883), bekannt und befreundet. Die in seiner Zeit geführten Auseinandersetzungen zur Malerei gingen auch in Zolas literarische Arbeitsweise ein.

Heranwachsenden wird die von Zola verwendete Methode der literarischen Beschreibung in ihrem Reichtum und der Intensität ihrer Ausführlichkeit heute eher fremd, langatmig und schwierig vorkommen. Viele Begriffe sind eher unbekannt oder in ihrer Verwendung nicht mehr vertraut. In Verbindung mit einem künstlerischen Waldprojekt können diese Texte jedoch ergänzend hinzugezogen werden…

- für die Spurensicherung einer **Archäologie des Visuellen**, als ein Rückblick auf Sehweisen und Begrifflichkeiten früherer Generationen;
- für eine Erweiterung des Repertoires von Begriffen, historischen Beschreibungsverfahren und Farbbenennungen;
- für das konkrete Einüben von Naturbeschreibungen, beispielsweise anhand von Fotos;
- als eine Anregung für die Gestaltung von imaginativen Skizzen und Szenen.

Emile Zola. Textbeispiele

(Aus: „Die Sünde des Abbé Mouret“, erschienen 1875)

Ein Wald

S.167f - Der Wald: „Links, rechts, geradeaus, überall ein grünendes Meer. Ein Meer, dessen Blätterwellen bis zu den Horizonten wogten, ungehemmt durch Häuser, Mauern, staubige Straßen... Nur die Sonne drang hinein und wand Goldtücher Wiesen über, streifte entlang den Alleen mit übermütigen Strahlenzügen, schlang von Baum zu Baum ihre köstlichen Flammenhaare, trank aus den Quellen mit hellen Lippen, unter denen das Wasser erzitterte [...] Solche Blätterunmengen wogten, ein so dichtes Pflanzenmeer überschäumte ihn, daß er von einem Ende zum anderen in Fluten begraben schien. Wohin das Auge sah, nichts als grüne Hänge, wie Quellstrahlen aufgeschleuderte Stengel, flockenkrause Blättermassen, dicht zugezogene Walddraperien, bodenüberschleifende Schlingpflanzenschleppen und riesenhoch aufflackernde Zweige, die nach allen Seiten sich breiteten.

[...] weiter hob sich ein violett durchdämmerter, lichtdurchstreifter Hochwald, ein Urwald, dessen Wipfel endlos sich kuppelten, blaßgrün, kräftiggrün, gelbgrün durchspielt. Zur Rechten zog der Wald sich eine Höhe hinauf, löste sich auf in kleinen Fichtenwaldungen und kärglichem Gestrüpp, während nackte Felsen sich gewaltig aufeinander schichteten zu horizontversperrenden Bergtürmen; hitziges Wachstum zerriß den Boden, ungeheuerliche Pflanzen sonnten sich reglos wie kriechendes Gewürm; ein Silberstrahl, ein Sprühen, das von ferne sich ausnahm wie stäubende Perlen, deutete sich als Wasserfall, [...].“

S. 238f - Im Hochwald: „Die geraden flechtenweißen Stämme, graufahl wie altes Gestein, wuchsen ins Unendliche, reihten sich zu unmeßbaren Säulenhallen auf. Fernhin weiteten sich Kapellenschiffe mit niedrigen Endwandungen; Kapellen seltsam gewagter Bauart mit überschlanken Tragepfeilern, durchbrochen, ausgezähnt, so fein durchgearbeitet, daß ringsum die Himmelsbläue zu sehen war. Weihevolles Schweigen sank nieder aus den riesenhaften Spitzbögen, die harte, graslos ernste Kahlheit verlieh dem Boden das Ansehen verbrauchter Steinquader, nur überstreut mit dem rötlichen Staub dürrer Blätter.“

Ein Baum

S. 276: „Ein Baum stand hier inmitten, so schattenverhängt, daß seine Art nicht zu erkennen war. Riesenhaft war er gestaltet, wie eine Brust atmete sein Stamm, weit streckte er die Äste, gleich schützenden Armen. Stark, gut, mächtig und fruchtbar stand er da. Der Urälteste des Gartens, Vater des Waldes, Stolz alles Grünenden, Freund der Sonne, die tagtäglich in seinem Gipfel aufging, unterging. Aus seiner grünen Wölbung taute alle Freude der Schöpfung nieder, Blumendüfte, Vogelsang, Lichtgeflimmer, morgenkühles Dämmererwachen, abendlaues Dämmerentschlafen. So saftreich war er, daß es von seinen Rinden troff [...] Der ganze Waldplatz stand unter seinem Zauber, andere Bäume um ihn schichteten sich zu undurchdringlicher Mauer, die ihn tief vereinsamte, in ein Heiligtum von Schweigen und Halbdunkel; der ganze Horizont war verdeckt, vom Himmel nichts mehr zu sehen, nur Grün ringsum, ein von zärtlichen Blättern seidenverhangener Rundsaal, der Boden mit Atlasmoosen samtig überspreitet. Wie Versinken in kristallener Quelle war's, in grünliche Durchsichtigkeit, Silberklare, von widerscheinendem Schilf gedämpft. Farben, Düfte, Klänge, Schauer, alles blieb unbestimmt, durchsichtig, ungreifbar, versunken [...].“

Ein Fluss

S.168: „Zur Linken endlich strömte durch eine weite Wiese der Fluß; hier teilte er sich in vier Bäche, deren launiger Lauf an Schilf, Weiden und hohen Bäumen zu verfolgen war; unübersehbar breitete sich Grasland in kühlen Niederungen, bläulich überdampfte Landschaft, deren Tagesklarheit allmählich in der Grüne des Sonnenunterganges schwand [...].“

S.232f: „Der zweite Fluß rann schattenschwarz in hoher Blätterallee; schmachtend zog er dahin mit dem leisen Rauschen, den weißen Lichtbrechungen eines Atlasgewandes, das eine Dame im Waldesdunkel träumerisch schleppen läßt; [...] bei manchen Biegungen verlangsamte er sich, floß von da weiter mit perlendem Gelächter inmitten mächtiger Steine, beruhigte sich im Schutz einer Baumgruppe, außer Atem noch und durchzittert; alle nur erdenklichen Stimmungslaunen waren an ihm zu sehen. Nacheinander floß er über feinen Sand, Felsgeröll, helle Kiesel und lehmige Erde, die springende Frösche gelb aufsprühen ließen.“

Sonnenlicht

S. 257: „Die den Horizont übergleitende Sonne wußte sich mit immer neuem Lächeln zu schmücken. Manchmal schwand sie in stillem wolkenlosen Frieden, sank langsam ein in goldene Flut. Andere Male flammte sie purpurstrahlend auf, zerriß ihr nebelschleiernes Kleid, verlor sich in glühenden Wellen, die den Himmel überstreiften mit gigantisch schweifenden Kometen, deren Mähnen die Wipfel des Hochwaldes in Brand setzten. Dann gab es über roten Dunstküsten, über langgestreckt rosigen Korallenbänken ein Niedersinken, besänftigten mählich seine Strahlen löschenden Gestirns, oder auch geheimes Zurruhegehen hinter irgendeinem großen Gewölk, faltig gerafft, wie grauseidene Bettgehänge, die nichts durchscheinen lassen als rötlichen Schimmer einer Nachtampel inmitten sich tiefender Dämmerung [...].“

Beispiel aus der Kunst

Der Graphiker und Maler **Gerhard Altenbourg** (1926–1989) – eigentlicher Name Gerhard Ströch – wird zu den bedeutenden deutschen Künstlern der Nachkriegszeit gezählt. Er schuf mehr als 6000 Arbeiten, hauptsächlich Zeichnungen und Graphiken, von denen sich viele in bekannten Museen und Kunstsammlungen befinden, so auch im Deutschen Bundestag in Berlin.
Seinen Künstlernamen wählte er nach der Stadt Altenburg in Thüringen, wo er zurückgezogen lebte und wirkte, in konsequenter Distanz zum offiziellen Kunstbetrieb der damaligen DDR.
Altenbourg war ein leidenschaftlicher Wanderer. Er gab seine „erwanderten" Erfahrungen und inneren Erlebnisse in den Landschaftsräumen seiner Heimat mit kritzelnden und tastenden Strichen wieder. Die feinen Linienführungen entwerfen Fasern, Risse und Zweige, verflechten Wurzelwerke und zarte Gespinste, bauen Schichten und Räume, lassen schemenhafte Gesichter auftauchen.

Werke von Altenbourg können für die Schülerinnen und Schüler zum Anlass werden, Wurzeln und Vogelnester zu betrachten und dafür eigene Zeichenmethoden und Linienführungen zu entwickeln.

Gerhard Altenbourg: Wurzel-Meduse, 1971, Farblithographie, 19,3 x 25 cm.

Quellenverzeichnis

Abbildungen:

Seite 78/80 Eigene Fotos: Jutta Ströter-Bender.
Seite 81 Gerhard Altenbourg: Wurzel-Meduse, 1971, Farblithographie, 19,3 x 25 cm. Galerie Hebecker, Weimar.

Literatur:

Zola, Emile (1922): *Die Sünde des Abbé Mouret. Die Rougon-Macquart.* Bd. 5 München: Kurt Wolff Verlag (übersetzt von Alastair).
Zweite, Armin (Hg.) (2004): *Gerhard Altenbourg. Im Fluß der Zeit – Retrospektive.* München: Prestel Verlag.

Geheimnisvoller Wald

Archäologische Spuren im Wald

(Aletta Seiffert)

Unter unseren Wäldern liegen, gut versteckt, zahlreiche archäologische Geheimnisse verborgen. Ein Archäologe, aber auch ein aufmerksamer Wanderer, kann bei genauem Hinschauen tausende Jahre alte Grabhügel, keltische Ringwälle und sogar Spuren von römischen Schlachtfeldern entdecken. Weiter lassen sich Überreste von mittelalterlichen Burgen, versunkenen Dörfern, alten Wolfsgruben – in denen man Wölfe fing – sowie Köhlerhütten und vieles mehr aufspüren. Gerade im Schutz des Waldes hat sich sehr viel Altes erhalten, da es hier in der Regel in Ruhe im Boden schlummern kann, ohne z. B. durch Pflügen eines Feldes oder Ausheben eines Loches für einen Hausbau zerstört zu werden. Es ist streng verboten, ohne Genehmigung im Wald Ausgrabungen vorzunehmen oder gar als Raubgräber mit Metallsonden auf Schatzsuche zu gehen. Schätze, die durch Zufall im Wald gefunden werden, z. B. Goldschätze in Grabhügeln, Münzen oder alte Waffen, müssen sofort den Experten der Denkmalämter und Museen gemeldet werden.
Wie erkennt man archäologische Spuren im Wald? Für ein geübtes Auge relativ leicht zu erkennen sind größere, von Menschenhand künstlich aufgeschüttete Anlagen, wie Ringwälle, Hügelgräber und Wehrbefestigungen. Auch Ruinen, z. B. von aufgegebenen Kirchen oder Jagdhäusern, können im Boden verhältnismäßig gut ausgemacht werden, sofern sie überirdisch sichtbar sind. Schwieriger ist das Erkennen von versunkenen Ortschaften, in der Fachsprache „Wüstungen“ genannt, da sich von Holzhäusern nichts mehr erhalten hat, weil Holz ein vergängliches Material ist. Hier deuten dann beispielsweise Scherbenfunde von alten Koch- und Vorratsgefäßen oder Dachziegeln darauf hin, dass sich unter dem heutigen Wald einst eine bewohnte Siedlung befand. Auch das Auftauchen bestimmter Pflanzen im Wald hilft bei der Spurensuche: einige Pflanzen, wie z. B. das Immergrün, kommen nicht natürlich im Wald vor, sondern sind Pflanzen die normalerweise von den Menschen in ihren Gärten angebaut werden. Als die Menschen ihre Häuser und Gärten verließen, blieben die Pflanzen alleine zurück und überlebten über hunderte von Jahren, selbst als über den alten Häusern und Gärten der Wald wuchs.

Mehrere tausend Jahre altes Hügelgrab im Wald bei Wiesbaden-Rambach.

Arbeitsblatt

Archäologische Spuren im Wald

Dafür benötigst du folgendes Material:
Tonkarton, Bleistift, Buntstifte, Wachsreste, Wachskreide

1 Fertige im freien Kästchen eine Skizze einer archäologischen Stätte an, z. B. ein altes verlassenes Dorf, ein römisches Schlachtfeld (nach der Schlacht und ohne Kämpfende), ein Hügelgrab mit einem Skelett oder eine Burgruine.

2 Nimm dir nun ein größeres Blatt (Tonkarton) und übertrage deine archäologische Stätte darauf. Male sie mit Buntstiften farbig aus.

3 Diese gemalte archäologische Stätte lässt du nun „untergehen", indem du sie mit geschmolzenen Wachstropfen bedeckst.

Tipp: Weiße oder helle Kerzenreste eignen sich am besten!

4 Jetzt lässt du wie mit einer Zeitmaschine ganz viel Zeit vergehen, in der über der alten und vergessenen Stätte ein Wald entsteht. Male diesen Wald mitsamt seiner Bodenschicht, seinen Bäumen, Pflanzen und Tieren mit Wachskreide, sodass der gesamte Bildträger ausgefüllt wird.

5 Ist das Bild fertig und getrocknet, wirst du als Archäologin oder Archäologe tätig und „gräbst" deine archäologische Stätte wieder aus. Dafür kratzt du das Wachs vorsichtig von deinem Bild ab.

Quellenverzeichnis

Abbildungen:

Seite 84 *Mehrere tausend Jahre altes Hügelgrab im Wald bei Wiesbaden-Rambach*, 2011. Foto: Aletta Seiffert.

Internetquellen:

Sippe K./Stiehl U. (2005): *Archäologie im Wald. Erkennen und Schützen von Bodendenkmälern.* URL: *http://www.hessen-forst.de/service/download/archaeologieimwald.pdf* (abgerufen am: 08.02.2012).

Nächtliche Umrisse: Silhouetten im Wald (Jutta Ströter-Bender)

Der Begriff **Silhouette** bezeichnet im Französischen einen Umriss, die Kontur eines Körpers. In der bildenden Kunst bezieht er sich auf die Darstellung von durch Konturen umschlossenen Flächen und Körpern, die sich dunkel und schattenhaft von einem helleren Hintergrund – oder hell vor einem dunklen Hintergrund – abzeichnen.
Das Stilprinzip von silhouettenhaften Formen und Ausschnitten entwickelte sich in der Malerei der deutschen Romantik aus den bekannten Traditionen des Scherenschnittes oder Schattenrisses heraus, die sich in der zweiten Hälfte des 18. Jahrhunderts einer großen Beliebtheit erfreuten (in Porträtkunst und Ornamentkultur). Caspar David Friedrich (1774–1840) und sein Künstlerfreund Carl Gustav Carus (1789–1869) nahmen dieses Stilmittel in einer neuen Qualität in ihren bildnerischen Darstellungen auf und integrierten es in die Landschaftsmalerei – vorzugsweise auch zur Akzentuierung von nächtlichen Waldszenen und Meereslandschaften. Sie verliehen ihren Werken damit eine natur-mysthische, geheimnisvolle Stimmung.
In der aktuellen Kunst und im Design wird dieses traditionelle Stilmittel wieder häufig eingesetzt. In Filmen und in Bildschirmspielen ist eine schattenhafte Silhouette ein bedeutendes szenisches Medium, um beispielsweise die Dramaturgie geheimnisvoller, düsterer und gefährlicher Stimmungen wiederzugeben.

Zur formal-ästhetischen Wirkung von Silhouetten

Das Stilmittel der Silhouette formuliert, durch differenzierte Linien und Flächenbegrenzungen, Umrisse an der Schnittstelle von Zeichnung und Malerei. Es entsteht ein lebendiges Wechselspiel von reduzierten Formen und Flächen, das sich zwischen gegenständlicher Wirkung und Ornamentalisierung bzw. Abstraktion bewegt. Zwischen Nähe und Ferne ordnet dieses Stilprinzip Flächen, Ausschnitte und Konturen und ermöglicht so die Illusion von Tiefenräumen.

Caspar David Friedrich: Mann und Frau den Mond betrachtend, 1830/35, Öl auf Leinwand, 34 x 44 cm, Alte Nationalgalerie Berlin.

Nächtliche Silhouetten erforschen

1. **Wer hat schon einmal eine nächtliche Wanderung im Wald erlebt? Wie habt ihr euch orientiert, was konntet ihr noch sehen, was blieb dunkel und im Verborgenen?**
2. **Wie zeichnen sich Bäume, Pflanzen, Tiere, Wege und Wasserstellen vor den unterschiedlichen Lichtquellen ab? Auch in der nächtlichen Stadt oder im Park?**
3. **Gibt es Naturdenkmäler, Monumente oder Sehenswürdigkeiten in der Region, deren nächtliche Silhouetten berühmt und bekannt sind?**

Die Gestaltung von nächtlichen Stimmungen – vor allem im Wald – ist in der Malerei eng mit der Beobachtung von Licht und Beleuchtungsverhältnissen und ihrer Umsetzung in Farbqualitäten verbunden. Hier können einführend Begriffe und Erfahrungen wie „stockfinster, sternenklar und sternenhell, Mondschein, nachtschwarz, wolkendunkel …" besprochen werden, da sie unterschiedliche Qualitäten von nächtlichen Seh- und Lichterfahrungen beinhalten und mit unterschiedlichen Farbklängen verbunden werden.

Licht und Dunkelheit

Jan Nigriny: Die Externsteine (Teutoburger Wald) bei Nacht, 2011, Wasserfarben, 14 x 20 cm.

Welche Arten von Licht gibt es in der Nacht, wenn wir uns im Wald oder am Waldrand bewegen?

Licht und Orientierung sind …

… in der Natur:

Mond, Sterne, die Milchstraße, Sternschnuppen, Blitze, das Polarlicht, Glühwürmchen.

… Künstliche Lichtquellen:

Beim Wandern sind es beispielsweise Taschenlampen, Fackeln, Kerzen, Feuerstellen usw.

… in der Ferne:

Angestrahlte Häuser und Kirchtürme, Autoscheinwerfer usw.

Arbeitsblatt Wald-Silhouetten

Dafür benötigst du folgendes Material:
Bleistift, Pinsel, Wasser, Farbkasten, Schere, Zeichenblock oder Blatt, Zeitschriften, Kleber

1
Mische Schwarz, Blau, Braun, Rot.
Mische viel Farbe!

2
Verstreiche die Farbe im freien Kästchen mit einem breiten Pinsel oder Lappen und male so einen dunklen Nachthimmel. Warte dann, bis die Farbe getrocknet ist.

Tipp: Wenn der Himmel zu dunkel ist, nimm Deckweiß und etwas Gelb/Orange für einen Mond.

3
Nimm nun die Zeitschriften zur Hand und suche eine Stelle mit dunkleren Abbildungen heraus. Schneide aus diesen Bäume, Menschen oder Gespenster und sonderbare Tiere aus.
Klebe sie auf deinen Nachthimmel und untersuche die Wirkung!

Beispiel aus der Kunst

Ando Hiroshige (1797–1858) zählt, neben Katsushika Hokusai (1760–1849) und Utagawa Kunisada (1786–1865), zu den großen Künstlern des japanischen Holzschnitts des 19. Jahrhunderts. Seine Arbeiten nehmen in der Weltkunst einen hohen Stellenwert ein.
Um Anregungen für seine Landschaftsmotive zu gewinnen, durchwanderte der gläubige Buddhist Hiroshige viele Regionen Japans. Seine Eindrücke hielt er in einem Zeichenbuch fest. Die nächtlichen Landschaftsdarstellungen des Künstlers wurden besonders berühmt.
Auch Hiroshige arbeitete häufig mit dem Stilmittel der Silhouette, wobei er dunkle und helle Konturen miteinander verband.

Ando Hiroshige: Berühmte Ansichten von Edo. Blatt 111. Der Yuhi Hügel und Trommelbrücke bei Meguro im Winter, 1857, Farbholzschnitt.

Fuchslichter am Eisenbaum der Verwandlungen in Oji (1857)

Ando Hiroshige: Berühmte Ansichten von Edo. Blatt 118. Fuchslichter am Eisenbaum in Oji, 1857, Farbholzschnitt.

In der Holzschnittserie „Berühmte Ansichten von Edo" von Ando Hiroshige nimmt das letzte Blatt „Fuchslichter am Eisenbaum der Verwandlungen in Oji" (1857) einen besonderen Stellenwert ein. Hier zeigt Hiroshige einen Randbezirk am Wald, nahe der Hauptstadt Edo (Tokyio), der nach dem Volksglauben mit der jenseitigen Welt verbunden sein soll. Das dargestellte Feld mit dem großen Eisenbaum (Enoki) liegt unweit neben dem Heiligtum Oji Inari-gongen. Es handelt sich bei diesem Ort um eines der bedeutenden Heiligtümer des Shintoismus, einem der ältesten Schreine überhaupt. Es ist das Hauptzentrum des sogenannten Inari-Kultes. Hiroshige stellt hier eine alte Legende dar, die konkret mit diesem Platz verbunden ist (und der später wie durch ein Wunder von den Zerstörungen des 2. Weltkrieges verschont blieb).
Unweit des Heiligtums der Fruchtbarkeitsgöttin Inari, soll sich in jeder letzten Nacht des Jahres immer wieder das gleiche Geschehen ereignen. Am Fuße eines weit ausladenden Eisenbaumes versammeln sich zu mitternächtlicher Stunde die Botinnen der Gottheit Inari, in Gestalt von Füchsinnen. Was ge-

schieht bei dieser Versammlung? Die Füchsinnen beginnen sich langsam in schöne Hofdamen zu verwandeln. Dann schreiten sie feierlich in das Heiligtum ihrer Gottheit und führen dort Rituale durch. Neben jeder Füchsin brennt eine Flamme, die durch den Atem der Tiere einer Fackel gleich erscheint. Fuchslichter nennen die Bauern der Gegend diese nächtliche Erscheinung. Sie achten darauf, denn wenn viele Lichter zu sehen sind, wird die Ernte des kommenden Jahres Segen und Reichtum bringen.

Das Fuchsfest in Japan

Nicht nur Ando Hiroshige stellte den berühmten Tanz der Fuchslichter im kleinen Ort Oji zum Neujahrsfest dar, sondern das Thema war auch für europäische Reisende und Wissenschaftler aus dem Bereich der Völkerkunde von Interesse. In Reiseführern und Büchern zur Landeskunde Japans wurde im späten 19. Jahrhundert das Fuchsfest, zu Ehren der Gottheit des Reises Inari, zum Gegenstand von Abbildungen. Bei dem folgenden Holzschnitt, aus einer (unbekannten) deutschen Zeitschrift, stehen die Sitten und Gebräuche mit Ritualen, Tänzen und Theateraufführungen zu dem religiösen Fest im Mittelpunkt. Allerdings entwickelt auch hier die Bilderzählung geheimnisvolle Elemente und verschiedene Handlungsebenen (Obere Bildebene: Der Reis-Tanz; Untere Bildebene: Links belauscht ein Priester in der Nacht vor dem Fest die Füchse, rechts wird das Fuchsspiel dargestellt).

Das Fuchsfest in Japan, 1873, Holzstich, 31,5 x 22 cm.

1. **Wie ist das Bild aufgeteilt (Komposition)?**
2. **Beschreibe die verschiedenen Ebenen. Was passiert dort?**
3. **Woran erinnert dich die Szene links unten?**
4. **Welche Bedeutung hat das Wurzelemblem mit dem Fuchs für die Bildgestaltung?**
5. **Wie wird mit dem Element der Silhouette und den Schattenführungen gearbeitet, welche Stimmungen werden erzeugt?**

Quellenverzeichnis

Abbildungen:

Seite 87 Caspar David Friedrich: *Mann und Frau den Mond betrachtend, 1830/35*, Öl auf Leinwand, 34 x 44 cm, Alte Nationalgalerie Berlin.

Seite 88 *Die Externsteine (Teutoburger Wald) bei Nacht,* 2011. Wasserfarben, 14 x 20 cm. Werk: Jan Nigriny.

Seite 90 Ando Hiroshige: *Berühmte Ansichten von Edo. Blatt 111. Der Yuhi Hügel und Trommelbrücke bei Meguro im Winter,* 1857. Farbholzschnitt.

Seite 90 Ando Hiroshige: *Berühmte Ansichten von Edo. Blatt 118. Fuchslichter am Eisenbaum in Oji,* 1857. Farbholzschnitt.

Seite 91 D*as Fuchsfest in Japan,* 1873. Holzstich (handkoloriert). Foto: Jutta Ströter-Bender.

Literatur:

Ackermann, Marion (2001): *SchattenRisse. Silhouetten und Cutouts.* Hrsg. Helmut Friedel. Ostfildern-Ruit: Hatje Cantz Verlag.

Mailahn, Klaus (2006): *Der Fuchs in Glaube und Mythos.* Münster: Lit Verlag. S. 169-213.

Uspenski, Michail (2005): *Hundert Ansichten von Edo. Farbholzschnitte von Ando Hiroshige.* London: Sirocco Verlag.

Die Eiche: Ein Mythos als Gegenstand der ästhetischen Forschung

(Regina Bökamp)

Was motiviert zum ästhetischen Forschen?

Die ästhetische Forschung ist frei von festgelegten Arbeitsweisen, alle Möglichkeiten entdeckenden Handelns und Lernens stehen ihr offen. Den Ausgangspunkt können Dinge, Menschen, Situationen etc. bilden, real oder fiktiv, die zu Forschungen anregen können. Die oder der Forschende gestaltet diesen Prozess individuell und kann über sämtliche Verfahren, Handlungsweisen und Erkenntnismöglichkeiten verfügen, die im Alltag, in der Kunst und in der Wissenschaft zu finden sind.

Was unterscheidet die Eiche von anderen Bäumen?
Was versteht man unter Eichensymbolik und in welchen Bereichen ist sie zu finden?
Haben die Bildwelten der Eiche Gemeinsamkeiten?
Welche Dinge gehören in eine Sammlung zum Thema Eiche?

Mensch und Eiche, eine Verbindung seit Jahrhunderten?
Was hat es mit folgendem Sprichwort auf sich?
„Vor Eichen sollst du weichen, Buchen sollst du suchen."
Von Zeus bis Harry Potter, was macht die Eichensymbolik so populär?

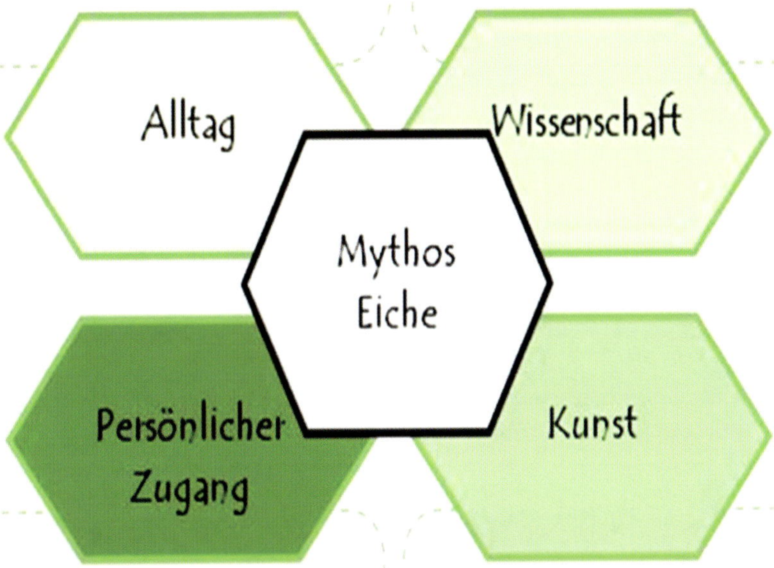

In welchen Epochen und Kunstgattungen ist die Eiche als Bildmotiv zu finden?
Wie wird die Eiche in der Kunst bildnerisch umgesetzt?
Welchen Stellenwert nimmt die Eiche in der Kunst ein?

Hat sich mein Bild von der Eiche gewandelt oder erweitert?
Wie kann ich meine Erkenntnisse visualisieren?
Welche ästhetischen Möglichkeiten stehen mir offen?

„Der Baum war auch einmal klein gewesen, ja, eine Eichel war seine Wiege gewesen; nach Menschenrechnung lebte er nun in seinem vierten Jahrhundert; er war der größte und mächtigste Baum im Wald, […], diente den Schiffen als Zeichen; er ahnte nicht, wie viele Augen ihn suchten. Hoch oben in seiner grünen Krone baute die Waldtaube ihr Nest, ließ der Kuckuck seinen Ruf ertönen, und im Herbst, wenn die Blätter aussahen wie gehämmerte Kupferplatten, kamen die Zugvögel und rasteten dort […]; aber nun war es Winter, der Baum stand entblättert da, man konnte gut sehen, wie krumm und knorrig sich die Zweige ausstreckten. […]"

(Hans Christian Andersen, „Der letzte Traum der alten Eiche")

Eichenkiste für die Sammlung und als Präsentationsmöglichkeit.

Medaillen und Münzen mit Eichensymbolik .

(v. l.) Miraculix, Donar, Zeus, Taranis, Hagrid und Jupiter.

Beispiel aus der Kunst

Joseph Beuys: „7000 Eichen – Stadtverwaldung statt Stadtverwaltung". Landschaftskunstwerk. Erste gepflanzte Eiche vor dem Museum Fridericianum bei Nacht, 1982.

Die berühmteste künstlerische Strategie der Moderne, in der Eichen das zentrale Motiv ausmachen, ist die von **Joseph Beuys** initiierte Skulptur „7000 Eichen – Stadtverwaldung statt Stadtverwaltung" . Zur documenta 7 hat Beuys in Kassel vor dem Fridericianum die erste Eiche gepflanzt. Die letzte wurde ebenfalls auf dem Friedrichplatz anlässlich der documenta 8 gepflanzt, jedoch nicht mehr vom Künstler persönlich, da er bereits 1986 starb. Das Kunstwerk lebt von der Mitarbeit der Bevölkerung, die sich um den Bestand der Eichen kümmern. Beuys hat somit ein interaktives Kunstwerk geschaffen, das den Einsatz der Betrachterinnen und Betrachter fordert und ihr Bewusstsein für sich und ihr Umfeld fördert.

Einen Waldgeist basteln

Zeitaufwand: Ca. 2 Schulstunden

In Märchen und Sagen kommen immer wieder verschiedene Arten von Geistern vor, die tief verborgen in Wäldern leben. So verschieden diese aussehen können, so verschieden sind auch ihre Charaktere. Von guten und weisen Wesen, die in Bäumen leben, bis hin zu schrecklich-schaurigen Kreaturen reichen die Darstellungen von Geistern, die im Wald zu Hause sind. Was ein Waldgeist ist, hängt von der Geschichte ab, in der der Geist vorkommt und von seiner Rolle, die er darin einnimmt.

1. Folgendes Material wird benötigt: Papprolle, Styroporkugel, Zweige, Stoffreste, Kleber (evtl. eine Heißklebepistole), Nadel und Faden, Schere und Zahnstocher, Farben, gesammelte Dinge aus dem Wald (z. B. Blätter, Zweige, Moos, Rinde, Fruchtkörper etc.)

2. Die Arme entstehen, indem Zweige waagerecht durch die Papprolle gestochen werden. Diese verschwindet später unter Stoff und dient als Tragekonstruktion für den Kopf. Die Styroporkugel für den Kopf wird auf einen Zahnstocher gesteckt und auf der Papprolle festgeklebt, zusammen bilden sie das Grundgerüst.

3. Als nächstes wird der Stoff wie ein Gewand über das fertige Gerüst drapiert. An den Seiten wird dieser unter den „Astarmen“ und auf den Schultern zusammengenäht oder -geklebt. Damit ist der Körper auch schon fertig und es kann mit der eigentlichen Ausgestaltung des Waldgeistes begonnen werden.

4. Auf die Stoffflächen werden gesammeltes Moos oder getrocknete Blätter geklebt. Im Anschluss können nach eigenem Ermessen Äste, Eicheln, Knospen, Rinde usw. aus der Waldsammlung befestigt werden, sodass der Körper des Waldgeistes mit dem Waldboden zu verschmelzen scheint. Der Kreativität sind kaum Grenzen gesetzt!

   Tipp: Am Waldgeist lässt sich besser arbeiten, wenn er auf eine Glasflasche gesetzt wird!

5. Das Gesicht trägt entscheidend zur Wirkung des Waldgeistes bei, deshalb sollte genau überlegt werden, aus welchen Naturmaterialien Augen, Mund und Nase geformt werden. Zuletzt können Mund und Augen mit Pinsel und Farbe gemalt werden – dadurch wirkt der Waldgeist noch lebendiger. Zum Anmalen eigenen sich besonders Grün- und Brauntöne, wie sie auch im Wald vorkommen.

Arbeitsblatt Einen Waldgeist basteln

Dafür benötigst du folgendes Material:
Papprolle, Styroporkugel, Zweige, Stoffreste, Kleber (evtl. eine Heißklebepistole), Nadel und Faden, Schere und Zahnstocher, Farben, gesammelte Dinge aus dem Wald (z. B. Blätter, Zweige, Moos, Rinde, Fruchtkörper etc.)

1 Wie soll dein Waldgeist aussehen und wirken? Lass dich von Waldgeschichten oder auch durch deine Sammlung von Naturmaterial inspirieren. Leg im freien Kästchen eine Skizze von deinem Waldgeist an.

2 Fertige als nächstes das Grundgerüst an – den Körper deines Waldgeistes.

Tipp: Du möchtest deinen Waldgeist als Handpuppe nutzen? Dann achte beim „Gerüst“ auf die Öffnung für deine Hand und hinreichend Beweglichkeit des Kopfes.

3 Nähe oder klebe im nächsten Arbeitsschritt aus Stoffen eine Art Gewand, dies wird der Körper deines Waldgeistes. Je nach deinen Vorstellungen, kannst du das Gewand mit Dingen aus deiner Waldsammlung gestalten.

Tipp: Eine gute Grundlage bilden Blätter und Moos. Kleinere Dinge lassen sich am besten mit Heißkleber darauf befestigen.

4 Mit fantasievoller Gestaltung von Augen, Mund und Kopfbedeckung bekommt dein Geist sein besonderes Aussehen. Male den Kopf zunächst in waldtypischen Farben an und nutze wieder deine Sammlung, um z. B. mit Beeren, Eicheln oder Teilen von Haselnusssträuchern ein Gesicht zu basteln. Das Gesicht sollte die Wirkung deines Waldgeistes verstärken.

Nun ist es an dir, die Geschichte deines Waldgeistes aufzuschreiben … Welche Abenteuer erlebt er oder sie im Wald? Welche Aufgaben hat dein Waldgeist? Ist er bzw. sie gut oder böse? Du kannst alternativ auch einen Steckbrief zu deinem Waldgeist gestalten.

Quellenverzeichnis

Abbildungen:

Seite 94 *Sammlung zur Eiche,* 2011. Fotos: Regina Bökamp.
Seite 95 Joseph Beuys, *„7000 Eichen – Stadtverwaldung statt Stadtverwaltung“.* Landschaftskunstwerk 1982.
Seite 95/97 *Arbeitsschritte Einen Waldgeist basteln,* 2011. Eigenes Werk: Regina Bökamp.

Literatur:

Kämpf-Jansen, Helga (2000): *Die Konstituenten ästhetischer Forschung – erste Annäherungen und vorläufige Bestimmungen.* In: Dies.: Ästhetische Forschung, S. 19-22.
Peez, Georg (2008): *Einführung in die Kunstpädagogik.* 3.Auflage. S.78ff. Stuttgart: Kohlhammer.

Im Wald sind Räuber

(Jutta Ströter-Bender und Karen Meetz)

Wo Überfluss herrscht für den einen Teil der Bevölkerung, gibt es meist auf der anderen Seite Mangel. Wo Mangelsituationen Menschen bedrängen, ist das Verbrechen nicht weit. Besonders Diebstahl stand im 18. Jahrhundert auf der Tagesordnung. Im Rheinland, der Pfalz, dem Spessart und dem Bodensee haben zahlreiche Räuberbanden die Gegend unsicher gemacht. Ihre Rückzugsgebiete waren dichte Waldgebiete mit Höhlen und entlegene Anwesen. Vor allem Reisende, aber auch die ansässige Bevölkerung, wurden von ihnen bedroht. Das 18. Jahrhundert war daher auch das Jahrhundert der Bettler und Gauner sowie legendärer Gesetzloser, von denen der Hunsrücker **Schinderhannes**, genannt „der rheinische Rebell“ (1778–1803), einer der bekanntesten gewesen sein dürfte. Berühmte Räubergeschichten wurden geschrieben, darunter Friedrich von Schillers Drama „Die Räuber“. Dennoch waren diese Banditen und Gauner keineswegs die Rächer der Entrechteten. Geteilt mit Armen und Unterdrückten haben sie in der Regel nicht.

K. H. Ernst: Porträt des Johannes Bückler (Schinderhannes), 1803. Original im Stadtarchiv Mainz.

Rotwelsch und Zinken

Die Räuber entwickelten eine geheime Sondersprache, die als das **Rotwelsch** oder **Jenisch** bekannt ist. Daneben gab es **Zinken**, das waren runenartige Geheimzeichen. Beides diente der verschwörerischen Verständigung und sicherte zugleich den Zusammenhalt innerhalb einer Bande.

Die Gauner selbst, zu denen sich betrügerische Bettler, Hehler, Diebswirte, Räuber und Hausierer rechneten, nannten sich **Kochemer**, das sind die Klugen. Ihre Gegner bezeichneten sie als **Wittichen**, was so viel wie Dummköpfe, Tölpel oder Trottel meinte. Das Jenische ist seit Mitte des 13. Jahrhunderts in der deutschen Literatur nachweisbar. Nur wenige schriftliche Zeugnisse sind erhalten, die einen ungefähren Eindruck von dieser ausschließlich mündlich überlieferten Mischung aus dem Deutschen, Hebräischen, Romanischen, Niederländischen und Lateinischen geben können.

Die gesprochene Gaunersprache war nicht selten von großer sprachlicher Frechheit und von einigem Witz. Sie war nicht festgelegt, sondern ein offenes System, das sich ständig je nach Situation veränderte. Dass wir heute vom Rotwelsch überhaupt wissen, ist im Grunde auf Verrat zurückzuführen. Denn die erhaltenen Wörterbücher verfolgten in erster Linie das Ziel, Unschuldige vor den Kochemern zu schützen und somit Böses zu verhüten. Mithin waren diese Wörterbücher von den Polizeikräften zu verantworten, die die sprachliche Waffe des Jenischen entschärfen wollten. Manchmal sind Ausdrücke aus dem Gaunerischen in die heutige Umgangssprache eingedrungen. Etwa wenn vom „Kaff“ die Rede ist oder wenn man etwas „für lau“, also umsonst, bekommen hat.

Spickzettel „Räuberzinken“

Neben dieser Geheimsprache wurden außersprachliche Zeichen, die sogenannten **Zinken**, benutzt. Der Begriff wurde vom lateinischen Wort für Zeichen „signum“ abgeleitet. Man kennt graphische und heraldische Zinken. Sie sollten den umherziehenden Gaunern Informationen übermitteln, denn nur Eingeweihte konnten diese verstehen. Beispielsweise wurde mitgeteilt, in welche Richtung sich eine Gruppe von Personen bewegte und deren Anzahl und Zusammensetzung angegeben. Zinken ließen auch wissen, wo Beute zu machen war, oder wo Gefahr durch Verhaftung drohte.

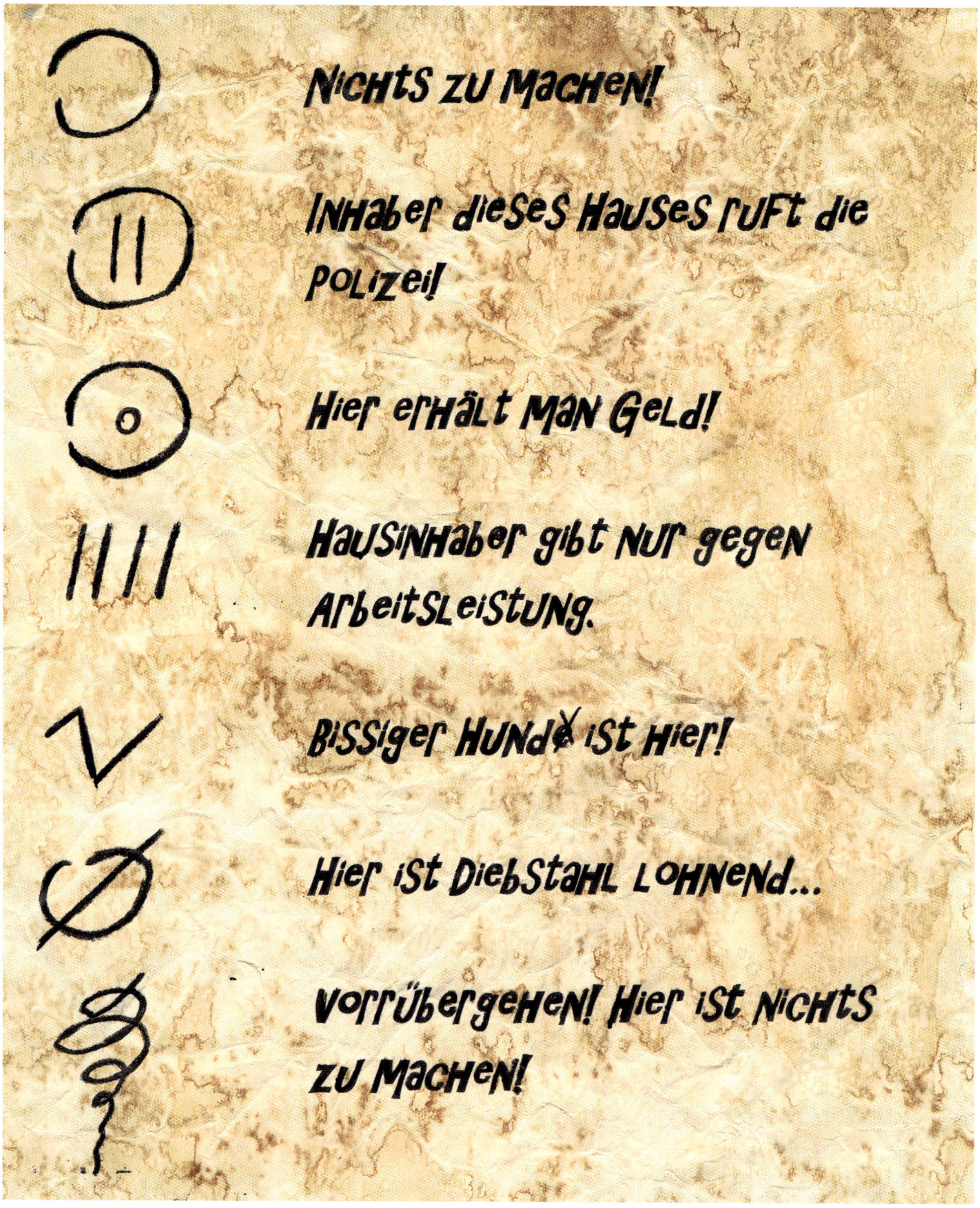

Ein Land-Art-Projekt zur Räubersprache

Zeitrahmen:
3 bis 4 Doppelstunden (mit Abschluss)

Ort:
Wald, Park oder Schulgelände

Sozialform:
Arbeitsgruppen

Material:
Kartenmaterial, Gebäudepläne, Steine oder Holzstücke, wasserfeste Farbe oder Stifte

Impulse:
Räuber benutzten nicht nur eine eigene Sprache, sondern markierten auch Wege im Wald und besondere Orte mit runenähnlichen Schriftzeichen. Dies machten sie, um zum Beispiel anzuzeigen, wo sich Diebstahl lohnte oder wo Gefahr drohte.

Anleitung:
Mehrere Kleingruppen erforschen zunächst den gewählten Landschaftsraum, ein Teilstück im Wald oder Park oder auf dem Schulgelände. Was oder wer begegnet den Schülerinnen und Schülern dort? Was können sie hier erleben? Was kann passieren? Die Ergebnisse sollten in Stichworten schriftlich festgehalten werden bzw. können in eine grobe Karte bzw. einen Gebäudeplan eingetragen werden.
Dann werden Zeichen für die einzelnen Erlebnisse/ Begegnungen/ Begebenheiten erfunden und abgesprochen (einheitlich für die ganze Klasse).
Diese werden mit wasserfester Farbe oder wasserfesten Stiften auf Steine oder Holzstücke gezeichnet. Anschließend kann der Weg oder auch ein Gebäude hiermit (versteckt) markiert werden.

Abschluss:
Die Gruppen tauschen ihre Wege untereinander aus, gehen also den Weg einer anderen Gruppe ab. Aufgabe ist es, so viel wie möglich über den Weg herauszufinden, indem alle versteckten Zeichen gefunden und entschlüsselt werden. Die Ergebnisse werden in der ganzen Klasse vorgestellt, und die Gruppen überprüfen sich gegenseitig.

Arbeitsblatt

Einen „historischen“ Steckbrief erfinden…

Dafür benötigst du folgendes Material:
Schon leicht zerknülltes und fleckiges Pack- oder Schreibpapier oder Pappen in verschiedenen Größen, Stifte aller Art (auch Wachskreiden), Fotomaterial

1 Überleg dir: Wer wird gesucht? Von wem? Warum wird er oder sie gesucht, für welches Verbrechen?

2 Woran ist dein Räuber oder deine Räuberin bzw. deine Räuberbande erkennbar? Welche besonderen Merkmale zeichnen ihn/sie aus? Eine Narbe im Gesicht vielleicht oder ein düsterer Blick ... Erstelle im freien Feld eine entsprechende Liste. Der Steckbrief rechts ist vielleicht hilfreich.

Welche Belohnung?

2493. Steckbrief.

Der hierunter signalisirte Georg Büchner, Student der Medizin aus Darmstadt, hat sich der gerichtlichen Untersuchun· seiner indicirten Theilnahme an staatsverrätherischen Handlungen durch die Entfernung aus dem Vaterlande entzogen. Man ersucht deßhalb die öffentlichen Behörden des In- und Auslandes, denselben im Betretungsfalle festnehmen und wohlverwahrt an die unterzeichnete Stelle abliefern zu lassen.

Darmstadt, den 13. Juni 1835.

Der von Großh. Hess. Hofgericht der Provinz Oberhessen bestellte Untersuchungs-Richter, Hofgerichtsrath
Georgi.

Personal-Beschreibung.
Alter: 21 Jahre,
Größe: 6 Schuh, 9 Zoll neuen Hessischen Maases,
Haare: blond,
Stirne: sehr gewölbt,
Augenbraunen: blond,
Augen: grau,
Nase: stark,
Mund: klein,
Bart: blond,
Kinn: rund,
Angesicht: oval,
Gesichtsfarbe: frisch,
Statur: kräftig, schlank,
Besondere Kennzeichen: Kurzsichtigkeit.

3 Zeichne nun deine/n Räuber/in auf einem separaten Blatt Papier oder übermale ein Foto, sodass die besonderen Merkmale deutlich werden.

4 Jetzt ist es an dir, einen Räuber-Steckbrief anzufertigen …

Tipp: Dein Steckbrief soll alt aussehen – Tropfe deshalb noch etwas Tee, Kakao oder Kaffee auf das Papier.

5 Überleg dir anschließend einen Ort, an dem dein Steckbrief aufgehängt werden soll. Recherchiere zudem: Wie sehen Steckbriefe heutzutage aus?

Quellenverzeichnis

Abbildungen:

Seite 99	K. H. Ernst: *Porträt des Johannes Bückler (Schinderhannes)*, 1803. Original im Stadtarchiv Mainz.
Seite 100	*Spickzettel „Räuberzinken"*, 2011. Foto: Corinna Pott.
Seite 102	*Steckbrief Georg Büchner* (19. Jahrhundert). Bildquelle: *http://upload.wikimedia.org/wikipedia/commons/7/7b/Steck.jpg*

Literatur:

Friesen, Hartmut (1992): *Räuberbanden. Diebestouren, Gaunerzinken und Bockreiter.* Duisburg: Mercator-Verlag.

Der Wald in der Filmkultur

(Nina Hinrichs)

Filmstill aus „Reise zum Wald"

Was bedeutet der Wald heute für die Einzelne bzw. den Einzelnen? Wir blicken auf unzählige Facetten und Bedeutungen, die den Mythos Wald durch die Jahrhunderte hinweg bis heute prägen. Wahrnehmung und Sehweisen sind historisch, politisch und kulturell beeinflusst; somit änderte sich die Rezeption des Waldes im Laufe der Zeit.
In der Kunst des 20. und 21. Jahrhunderts ist der Wald ein wichtiges Motiv. Auch die neuen Medien – wie z. B. der Film – bedienen sich dieser Thematik. So nahm Jörn Staeger in seinem Film „Reise zum Wald" (Berlinale 2008) eine lyrische Erforschung des Mythos Wald vor. Dabei werden durch besondere Kameraführung und technische Raffinessen ungewohnte Sehweisen erzeugt. Weiterhin verwendete er kontrastierende Darstellungen von naturbelassenem Wald und menschlich genutzten Forstgebieten. Als eine Assoziation des Betrachters stellt sich u. a. die Idee der Schutzwürdigkeit des Waldes ein.
Das Medium Film kann sowohl Illusionen erzeugen als auch als Spiegel gesellschafts-historischer, politischer und kultureller Prozesse fungieren. Sehnsüchte und Erwartungshaltungen können befriedigt aber auch zurückgewiesen werden. Der Wald wird somit durch den Film aus vielen unterschiedlichen Perspektiven wahrgenommen. Im Folgenden wird ein Einblick in die unterschiedlichen Sehweisen des Waldes vermittelt.

Der heilige Wald

Die Vorstellung, dass Wälder oder Bäume heilig sind, gibt es in vielen Kulturen. Exemplarisch sei auf den Weltenbaum Yggdrasil verwiesen, der als Sinnbild des alten nordischen Glaubens fungiert. In Zusammenhang damit steht die germanische Holzsäule Irminsul. Den Germanen waren bestimmte Bäume heilig, sie galten als Kultstätten. Bezüglich der heidnischen Eiche sei beispielhaft auf eine missionarische Handlung von Bonifatius (um 672-754) verwiesen. Dieser fällte eine heilige Eiche einer noch genutzten heidnischen Kultstätte und erklärte diese Tat zu einem symbolischen Akt, um die Christianisierung voranzutreiben. In den folgenden Jahrhunderten wurde dann die heidnische Belegung dieses Baumes von christlicher Motivik weitestgehend verdrängt bzw. überlagert.

In der Romantik wurde die Natur und auch der Wald zum Ort transzendentaler Ich-Erfahrung und zum religiösen Andachtsort erklärt – als Spiegel der Seele. Dieser Aspekt ist auch heute aktuell, wie der Film „Wald der Trauer“ (2007) zeigt, der unter der Regie von Naomi Kawase entstand. Während eines Waldausflugs laufen ein alter Mann und seine Pflegerin immer tiefer in einen exotischen Wald, der sich ihnen als eigener von der Außenwelt abgegrenzter Raum darstellt. In dieser Umgebung wird es den beiden Menschen ermöglicht, ihre Trauer um verstorbene Angehörige zuzulassen und aufzuarbeiten.

Der märchenhafte und fantastische Wald

Neben dem Aspekt, dass Bäume Kultstätten darstellten und als heilig betrachtet wurden, gibt es die Vorstellung von im Baum verkörperten Lebewesen, beispielsweise die Dryaden in der griechischen Mythologie. In einigen Kulturen galt der Wald als Sitz von Dämonen, Geistern und Trollen. Das Medium Film greift diese Thematik auf. Der Wald wird als Ort kreiert, in dem das Fantastische und Märchenhafte seinen Sitz hat. Dass diese Sehweise des Waldes noch aktuell ist, zeigen die unzähligen neu aufgelegten Märchenverfilmungen. In ihnen spiegeln sich uralte Sehnsüchte und Ängste. Häufig fungiert der Wald als Ort der Bedrohung, Hexen leben nahezu immer im Wald. Auch in Kinderfilmen, wie „Ronja Räubertochter“, besitzt der Wald solche Belegungen. So ist er mit allerlei fantastischen Wesen bevölkert, wie Grauseduden, Graugnomen, Dunkeldruden und Rumpelwichten.

Filmstill aus „Herr der Ringe – Die zwei Türme“

Auch in Fantasyfilmen spielen Walddarstellungen eine bedeutende Rolle. Exemplarisch sei auf J.R.R.Tolkiens Trilogie „Herr der Ringe“ verwiesen. Hier lebt das Volk der Waldelben im Düsterwald in Lothlórien. In den Wäldern von Mittelerde gibt es baumähnliche Wesen, die Ents. Diese haben das Aussehen von Bäumen. Als Baumhirten haben sie die Aufgabe, die Wälder zu beschützen. So rächen sie die Zerstörung und Rodung ganzer Waldgebiete durch den bösen Zauberer Saruman. Dieser Aspekt besitzt angesichts der Umweltzerstörung in der heutigen Zeit hohe Relevanz.

Der bedrohte Wald

Die Ideee, dass der Wald zu schützen ist, entwickelte sich in Deutschland im 20. Jahrhundert. Das Jahr 2011 wurde zum „Internationalen Jahr der Wälder" erklärt. Angesichts dessen rief die Politik verstärkt zum Schutz der Wälder auf. Ihre Zerstörung, zum Beispiel die Rodung der Tropenwälder, gefährdet auch den Menschen. So sind unter anderem Auswirkungen auf das Klima, die Biodiversität und den Wasserkreislauf festzustellen. In Katastrophenfilmen werden durch die Umweltzerstörung bedingte Zukunftsszenarien beschworen. Es ist jedoch häufig die Dokumentarform, in der die Bedrohung des Waldes vermittelt wird. Zum Beispiel reiste der Fotograf Markus Mauthe im Auftrag von Greenpeace zweieinhalb Jahre durch Europas Wälder und erstellte eine Multivisionsshow. Seine Intention liegt darin, das Publikum für die Schönheit des Waldes und für die Bedeutung der Wälder für den Menschen zu sensibilisieren. Er will das Bewusstsein erzeugen, dass der Einzelne durch sein alltägliches Handeln zum Schutz beitragen kann. Auch der von Michael Miersch und Tobias Streck im Jahr 2011 produzierte Film „Und ewig sterben die Wälder" stellt eine Dokumentation über den bedrohlichen Zustand der Wälder in Mitteleuropa und weltweit dar. Mit Bezugnahme auf gesellschaftliche und politische Prozesse, die die Diskussion um den Schutz des Waldes begleiteten, wird der Versuch unternommen, Prognosen über die Zukunft zu erstellen. Während im Film „Und ewig sterben die Wälder" der Naturschutz im Vordergrund steht, bedient sich der in den fünfziger Jahren entstandene Film „... und ewig singen die Wälder" nationaler Stereotypen.

Der deutsche Wald

Nationale Bedeutungen des Waldes wurden insbesondere in den Heimatfilmen der 1930er und 1940er Jahre aufgegriffen. Im Kontext nationalsozialistischer Blut-und-Boden-Ideologie war es die deutsche Landschaft, die in Bildern und Filmen dargestellt wurde.

Nationale Vorstellungen sind u. a. christlich aufgeladen. Es ist überliefert, dass Martin Luther den Juden das Betreten des deutschen Waldes untersagt habe. Im 19. Jahrhundert wurde die Eiche zum nationalen Symbol der Deutschen erklärt. Die patriotisch-nationale Belegung dieses Baums geht auf Klopstocks Dichtungen zurück. Dieser deutete die Eiche im letzten Drittel des 18. Jahrhunderts, unter aufklärerischem Einfluss, als nationales Symbol. Der Dichter popularisierte die Arminiusthematik, auf die im Kontext der Freiheitskriege symbolisch zurückgegriffen wurde. So war die Eiche in der Zeit der napoleonischen Kriege ein viel beschworenes nationales Symbol, das Eichenlaub verwies auf Sieg und Heldentum. Im deutschen Militarismus und im Nationalsozialismus wurde dieses rassistisch aufgeladen. Neben „Bismarck-Eichen", gab es „Hindenburg-Eichen" und „Hitler-Eichen". Die Heimatfilme der 30er und 40er Jahre, in denen der Wald eine Rolle spielt, zeichneten sich durch ideologische Prägung aus. In der Nachkriegszeit zeigten sie ein Stück heile Welt, die dazu beitrug, der Konfrontation mit der faschistischen Vergangenheit zu entfliehen. In dieser Art von Filmen wird eine Sehnsucht nach alten Werten, Identität und nach einer harmonischen Welt bedient, die außerhalb des beschwerlichen Alltags in der reinen Natur angesiedelt ist. Dabei werden Stimmungsbilder des Waldes eingesetzt, z.B. Baumkronen, in denen der Wind spielt, Morgennebel in Waldgebieten oder ein Sonnenuntergang.

Filmtitel enthalten häufig den Begriff „Wald", zum Beispiel „Waldwinter", „Wo die alten Wälder rauschen" und „Und ewig singen die Wälder". Die Heimatfilme erfreuten sich großer Beliebtheit, beispielsweise zog der Film „Der Förster vom Silberwald" (1954) innerhalb von vier Jahren 22 Millionen Menschen in die Kinos. Der Drehbuchautor Alfons Stummer hatte den Anspruch, eine neue Sehweise auf den Wald zu schaffen. Er wollte nicht die übliche Liebesgeschichte zwischen „Försterliesl" und Wilderer darstellen, sondern Konflikte zwischen Großstadt und Land sowie das besondere Verhältnis der Dorfbevölkerung zum Wald beleuchten.

Der schützende Wald

Während die Darstellungen des Waldes in den Heimatfilmen der Nachkriegszeit Harmonie beschwören, so ist der Wald in dem 1948 von Abraham Brauner produzierten Film „Morituri“ ein Ort, der geflohenen KZ-Häftlingen und Widerstandskämpfern Schutz bietet. Dieser Film war bei Weitem nicht so erfolgreich wie die zeitgleich produzierten eher belanglosen Heimatfilme.
Bereits die Germanen nutzten die Verstecke des Waldes: In der Schlacht im Teutoburger Wald waren es die Bäume, in deren Schutz sie einen vorteilhaften Angriff auf das mächtige römische Heer ausführen konnten. Dieser Aspekt hat sich bis in die heutige Filmkultur gehalten. Robin Hood, Held mittelalterlicher und neuzeitlicher Balladen – dessen historische Existenz nicht belegt ist – gilt bis heute als populärer Filmheld. In der Rezeption wurde er vom Wegelagerer zum Kämpfer für soziale Gerechtigkeit. Er versteckt sich mit weiteren Geächteten im Sherwood Forest vor den Gesetzeshütern. Sie leben im Schutz des Waldes und nutzen dessen Tarnung für Überfälle auf wohlhabende Reisende. Auch Actionfilme bedienen sich gerne der Thematik des Versteckens und Jagens im Wald. Der Wald wird somit Schauplatz für zum Teil mit Special-Effects unterstützte Kämpfe. Exemplarisch sei auf den Film „Rambo“ verwiesen. Der Vietnamkriegsveteran John Rambo flüchtet in den Wald und nutzt die Tarnmöglichkeiten zum Kampf gegen die Verfolger.

Der dunkle Wald

Die Vorstellung des großen, dunklen Waldes kann primitive Urängste, aber auch Faszination auslösen. Bereits die alten Römer haben den deutschen Wald als dunkel und geheimnisvoll, aber auch als bedrohlich erlebt. Tacitus führt in seinem Werk „Germania“ an, das Land sei „schaurig durch seine Urwälder“. Für die germanischen Ureinwohner war der Wald Teil ihres Lebensraumes, jedoch sahen sie auch das Wilde in diesem. Dies belegt die Verbindung des altgermanischen Substantivs „walt“ zu Wörtern, die den Begriff „wild“ beinhalten.
In der Filmkultur des 20. Jahrhunderts ist der Wald häufig Schauplatz für Räuber- und Kriminalgeschichten. Exemplarisch sei auf den Film „Das Wirtshaus im Spessart“ (1958) verwiesen, der auf der gleichnamigen Erzählung von Wilhelm Hauff basiert. Auch reale Ereignisse werden in Literatur und Film umgesetzt, so beispielsweise der im Jahr 1922 erfolgte und bis heute ungeklärte Mordfall auf einem oberbayrischen Einsiedlerhof mitten im Wald. Im Film „Tannöd“ (2009) wird diese Thematik aufgegriffen. Düstere Tannenwälder und bedrohliche Schneewolken sind die Kulisse des Geschehens.
Aber auch andere Filme bedienen sich der dunklen Seite des Waldes. Exemplarisch sei auf die Märchenverfilmung „Hänsel und Gretel“ verwiesen. Die Kinder verirren sich im Wald und gelangen zum Haus der Hexe, die beabsichtigt, sie zu töten. Die Aktualität dieser Thematik zeigt sich in jüngeren Filmkompositionen. Hier sei auf den 1998 von Daniel Myrick und Eduardo Sánchez produzierten Film „Blair Witch Project“ verwiesen. Bei diesem Film wird vorgetäuscht, das Filmmaterial stamme von drei Studenten, die in den Wäldern von Burkittsville in Maryland beim Dreh eines Dokumentarfilms über die Blair-Hexe verschwanden. Ihr Filmmaterial wurde angeblich ein Jahr später gefunden. Die Studenten filmten mit Handkameras. Durch die wackelige Kameraführung kann sich der Betrachter in die Situation hineinversetzen und erfährt die Illusion, er sei zugegen, wie die drei auf der Suche nach der Hexe immer tiefer in einen unheimlichen Wald geraten und psychisch und physisch ans Ende ihrer Kräfte gelangen. Schließlich stoßen sie auf ein verfallenes Haus. In diesem Film wird mit Urängsten des Menschen gespielt.

Insbesondere im Genre des Horrors wird die unheilvolle Wirkungsästhetik des Waldes gerne bedient. Dabei eignen sich Drehtechniken und gezielter Einsatz u.a. von Licht oder Nebel, um Stimmungen zu vermitteln.

Der künstlerische Wald

Der Wald kann im Kontext von Land Art zum Ort oder auch zum Objekt der Kunst werden. Zur Dokumentation und Vermittlung von Kunstwerken an schwer zugänglichen Orten oder von vergänglicher Kunst, wird häufig auf die Medien Fotografie und Film zurückgegriffen. Bereits 1969 hat Gerry Schum die Präsentation und Dokumentation von Land-Art-Projekten in seiner „Fernsehgalerie" vorgenommen. Der Film kann als Vermittlungsmedium fungieren oder auch konzeptionell eingebunden sein.
Der Land-Art-Künstler Andy Goldsworthy nutzte den Wald und die Bäume als Gegenstand seiner künstlerischen Auseinandersetzung. Beispielsweise besteht sein Werk „tree line" (2003) aus 232 Espen, die in einer Reihe angepflanzt sind. Häufig erstellt er seine Natur-Kunstwerke ausschließlich mit den Materialien, die er an dem entsprechenden Ort vorfindet. Der Künstler dokumentierte seine vergängliche Natur-Kunst in Form von Fotografien. Auf diversen Internetportalen befinden sich zahlreiche Stop-Motion-Filme und Videosequenzen über seine Werke.

Fazit

Der Wald war und ist ein wichtiges Motiv in der Filmkultur. Doch die Bedeutungen änderten sich im gesellschaftshistorischen und kulturellen Kontext. Heute stehen Filme nebeneinander, in denen der Wald aus unterschiedlichsten Sichtweisen vorgeführt wird. Neben Fantasy- und Märchendarstellungen des Waldes existieren dokumentarische Streifen, in denen die Schönheit des Waldes gezeigt und sein Schutz gefordert wird. Auch im Horrorgenre und in Kriminalfilmen ist der Wald ein beliebter Drehort. Der Film fungiert als Reflexionsmedium unterschiedlicher Perspektiven auf den Wald.

Arbeitsblatt

Sehweisen auf den Wald – Einen Stop-Motion-Film gestalten

Dafür benötigst du folgendes Material:
Digitalkamera oder Handy mit Kamera, Computer mit entsprechenden Programmen, Bleistift, Buntstifte, Arbeitsblatt zum Storyboard

1 Was bedeutet der Wald für dich? Welche Gefühle verbindest du mit dem Wald? Mach dir dazu ein paar Notizen im folgenden Kästchen.

2 Was verbindest du mit folgenden Sehweisen in Bezug auf den Wald: Der heilige Wald, der märchenhafte und fantastische Wald, der bedrohte Wald, der deutsche Wald, der Wald als Schutz, der dunkle Wald oder der künstlerische Wald? Wie würde sich der Wald deiner Meinung nach jeweils darstellen?
Fallen dir vielleicht Filmbeispiele dazu ein?

4 Informiere dich zunächst über die sogenannte Stop-Motion-Technik und über die Bearbeitungsprogramme, die dir zur Verfügung stehen (Windows Movie Maker und Paint.NET).

5 Deine Aufgabe lautet nun: Erstelle einen Stop-Motion-Film, der deine ganz persönliche Sehweise des Waldes widerspiegelt.
Bevor du aber das Fotografieren und Bearbeiten der Bilder in Angriff nimmst, mach dir Gedanken zum Storyboard. Das Storyboard ist eine zeichnerische Version eines Drehbuchs, das die Reihenfolge der Bilder und weitere Einstellungen verdeutlicht. Es hilft dir also bei der Planung und Umsetzung deines Films.

Einen Stop-Motion-Film mit Windows Movie Maker kreieren

Stop-Motion ist eine einfache Filmtechnik, bei der aus vielen zusammengesetzten Einzelbildern eine Animation, z. B. mit unbeweglichen Gegenständen, gemacht wird.

1. Die Schülerinnen und Schüler nutzen ihr Handy oder einen Fotoapparat, um zunächst einen Fundus an Bildern zu erstellen.
2. Zur Produktion von Stop-Motion-Filmen bietet sich das Programm Windows Movie Maker an. Die erstellten Fotodateien werden mittels USB-Stick oder Karte importiert. Wenn eine große Anzahl Bilder verwendet werden soll, bietet es sich an, bereits im Vorfeld die Größe der einzelnen Dateien zu komprimieren.

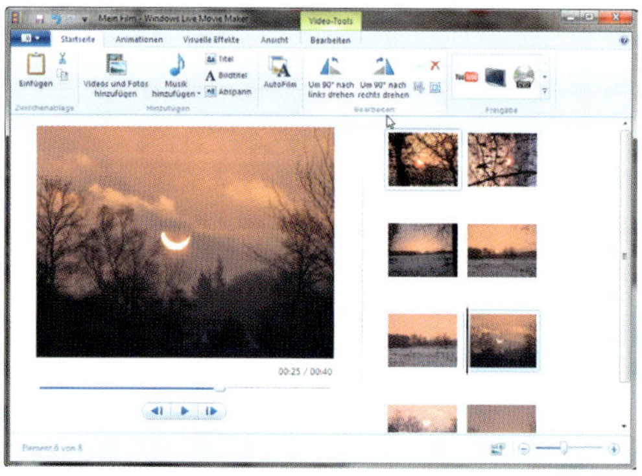

3. Auf der rechten Bildschirmseite erscheinen die importierten Bilder, die in weiteren Schritten bearbeitet werden können.
   Auf der linken Seite des Bildschirms besteht die Möglichkeit, den Kurzfilm, bestehend aus den importierten Fotos, anzuschauen. Somit kann jede Veränderung an den Bildern und deren Einstellungen im Film parallel verfolgt werden.

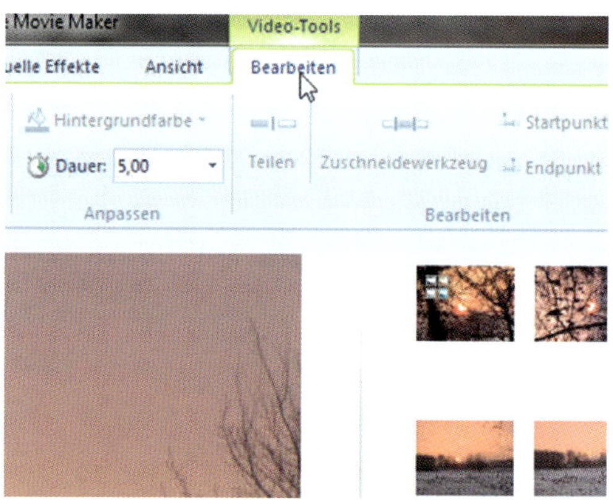

4. Die Items „Animationen“, „Visuelle Effekte“, „Ansicht“ und „Bearbeiten“ eröffnen verschiedene Möglichkeiten. So kann beispielsweise im Bereich „Bearbeiten“ die Dauer einer Bildsequenz verändert werden. Ebenso können Zuschnitte und Teilungen vorgenommen werden. Im Bereich „Animationen“ ist es möglich, Übergänge und besondere Funktionen zwischen den einzelnen Bildsequenzen zu bestimmen.

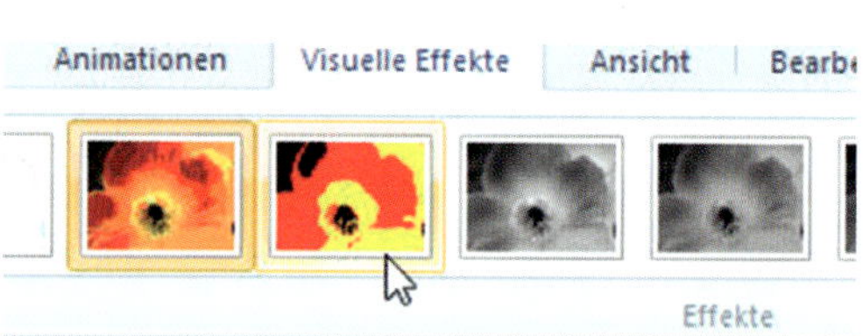

5. Bereits im Vorfeld können die Bilddateien durch Fotobearbeitungsprogramme verändert werden. Eine solche Bearbeitung ist in beschränktem Maße auch im Bereich „Visuelle Effekte“ möglich. Titel, Abspann und Musik können unter dem Item „Startseite“ gewählt werden. Das Programm bietet die Möglichkeit, wenn der Film gespeichert wurde, diesen auf YouTube zu veröffentlichen. Dazu muss ein „YouTube-Konto“ angelegt werden. Im Rahmen eines Klassenprojekts besteht die Option, die Einzelfilme zu verknüpfen und in Interaktion mit dem Benutzer zu treten.

Arbeitsblatt

Ein Storyboard für einen Stop-Motion-Film zum Thema Wald entwickeln

Dein Name:

Der Titel deines Films:

Lfd. Nr.	Bild (SKIZZE)	Dauer	Ton	Einstellungs-größe	Animationen	Visuelle Effekte
1						
2						
3						

Lfd. Nr.	Bild (SKIZZE)	Dauer	Ton	Einstellungs-größe	Animationen	Visuelle Effekte
4						
5						
6						
7						

Quellenverzeichnis

Abbildungen:

Seite 104 Filmstill aus *„Reise zum Wald“*. (Verlagsarchiv)
Seite 105 Filmstill aus *„Herr der Ringe – Die Zwei Türme“*. (Verlagsarchiv)
Seite 106 *„Und ewig sterben die Wälder“*. (Verlagsarchiv)
Seite 106 DVD-Cover zum Film *„…und ewig singen die Wälder“*.
Seite 107 Filmstill aus *„Robin Hood“*. (Verlagsarchiv)
Seite 107 DVD-Cover zum Film *„The Blair Witch Project“*.
Seite 110 Screenshots aus dem Programm *„Windows Movie Maker“*. Fotos: Nina Hinrichs.

Literatur:

Donovan, Molly u.a.(2010) : *The Andy Goldsworthy Project.* Washington.
Duden (2007): *Das Herkunftswörterbuch.* Mannheim u. a.
Kastner, Jeffrey (Hg.)(2004): *Land und Environmental Art.* Berlin.
Klopstock, F. G. (1844): *Sämtliche Werke. Band 6.* Leipzig.
Laudert, Doris (2004): *Mythos Baum. Geschichte, Brauchtum, 40 Baumportraits.* München.
Lehmann, Albrecht (Hg.)(2000): *Der Wald – ein deutscher Mythos? : Perspektiven eines Kulturthemas.* Berlin u. a.
Jung-Kaiser, Ute (Hg.)(2008): *Der Wald als romantischer Topos. Interdisziplinäres Symposion der Hochschule für Musik und Darstellende Kunst Frankfurt am Main* 2007. Bern u. a.
Wald (2011): *Biotop und Mythos. Grüne Reihe des Lebensministeriums*; 23. Wien u. a.
Reindl, Helge (2011): *Film-Wald: ein katathymes Bilderlebnis. In: Wald: Biotop und Mythos. Grüne Reihe des Lebensministeriums,* 23. Wien u. a., S. 347–369.
Schierz, K.-U. (2004): *Von Bonifatius bis Beuys oder: Vom Umgang mit heiligen Eichen.* In: Bonifatius. Heidenopfer, Christuskreuz, Eichenkult, hsg. von Eidam, H./Moritz, M./Riedel, G.-R./Schierz, K.-U. im Auftrag der Stadtverwaltung Erfurt Kulturdirektion. Erfurt, S. 139–145.
Wirth, Ingo (Hrsg.) (2007): *Fundgrube Kunst.* Berlin: Cornelsen Verlag Scriptor GmbH & Co. KG. S. 195–216.
Herzogenrath Wulf (Hg.)(1982): *Videokunst in Deutschland 1963–1982.* Stuttgart.

Internetquellenverzeichnis:

Berlinale 2008.
URL: *http://www.berlinale.de/external/de/filmarchiv/doku_pdf/20083283.pdf* (abgerufen am 10.01.2012)
Miersch, Michael; Streck, Tobias: „Und ewig sterben die Wälder“.
URL: *http://www.youtube.com/watch?v=eO7aqEF3V04* (abgerufen am: 10.01.2012)

Filme:

Artur Brauner (Produzent) (1948). „Morituri“. Polen.
Tage Danielsson (Regie) (1984). „Ronja Räubertochter“ [DVD]. München.
Kurt Hoffmann (Regie) (1958). „Das Wirtshaus im Spessart“. Deutschland.
Peter Jackson (Regie) (2002). J.R.R.Tolkiens „Herr der Ringe – Die Zwei Türme“ [DVD]. USA, Neuseeland.
Walter Janssen (Regie) (1954). „Hänsel und Gretel“. Deutschland.
Naomi Kawase (Regie)(2007): „Wald der Trauer“ [DVD]. Japan.
Paul May (Regie) (1959). „Und ewig singen die Wälder“. Herstellungsland: Österreich.
Ted Kotcheff (Regie) (1982). „Rambo“. USA.
Michael Miersch, Tobias Streck (2010). „…und ewig sterben die Wälder“. Film auf Arte am 17.05.2011. Verfügbar auf youtube: *http://www.youtube.com/watch?v=eO7aqEF3V04*, (abgerufen am 9.2.2012).
Daniel Myrick, Eduardo Sánchez (Regie) (1999). „The Blair Witch Project“. USA.
Bettina Oberli (Regie) (2009). „Tannöd“. Deutschland.
Jörn Staeger (Produzent) (2008). „Reise zum Wald“ [DVD]. Anlässlich der Berlinale 2008. Staeger-

Filmproduktion Hamburg.
Ridley Scott (Regie) (2010). „Robin Hood“, USA, UK.
Wolfgang Liebeneiner (Regie) (1956). „Waldwinter“. Deutschland.
Alfons Stummer (Regie) (1964). „Wo die alten Wälder rauschen“. Deutschland.
Alfons Stummer (Regie) (1954). „Der Förster vom Silberwald“. Österreich.

Programme:
Windows Movie Maker unter folgendem Link (kostenlos herunterladbar):
http://www.microsoft.com/windows/plus/de/dme/moviemaker.asp
Bildbearbeitungsprogramm Paint.NET unter folgendem Link (kostenlos herunterladbar):
http://www.getpaint.net/index.html

Anhang

Ein Daily-Painting-Projekt zum Thema Wald
Internet-Kommunikation mit Werken aus dem Kunstunterricht

(Jutta Ströter-Bender)

Was ist ein Daily-Painting-Projekt?

Die Konzeptform des Daily Painting orientiert sich an einer international agierenden Internet-Bewegung von Künstlerinnen und Künstlern. Die Teilnehmenden verpflichten sich dabei, jeden Tag ein neu gemaltes Werk auf eine Homepage oder in eine eigene Internet-Galerie zu stellen und intensiv mit einer Fan-Gemeinde über die Kunstwerke zu diskutieren. Der berühmteste Vertreter ist der in Berlin lebende Maler Edward B. Gordon *(http://edwardbgordon.blogspot.com/)*.

An der Universität Paderborn wird diese Projektform in der Ausbildung für das Lehramt Kunst praktiziert und ist seit mehreren Semestern erfolgreich, gerade auch im lokalen und regionalen Umfeld *(http://www.upb.de/dailypainting)*.

Aktuell ist im Bereich der Kunstpädagogik eine Neubewertung und Rückbesinnung auf die Bedeutung von handwerklich fundierten Kenntnissen im Zeichnen und Malen zu beobachten.

Es wird von einer neuen Lust an der Zeichnung und Malerei gesprochen. Ein Daily-Painting-Projekt hat in diesem Sinne zum Ziel, die Tradition des täglichen Zeichnens und Malens neu zu beleben,

- Natur, Kultur, Alltagsleben und Geschichte mit aktuellen Mitteln der Malerei, Zeichnung und Illustration im Internet und seinen Netzwerken zu kommunizieren,
- sowie auch mit Mitteln konkreter Ausstellungen die (schulische) Öffentlichkeit, die Elternschaft oder das lokale Umfeld zu erreichen. Das Projekt integriert zugleich die allseits vorhandenen Kompetenzen der jungen Leute mit Mitteln der Internetkommunikation zu agieren und diese für die Homepage und die sozialen Netzwerke einzusetzen.

Daily Painting-Materialien

Daily-Painting-Bilder sind zumeist kleinformatig, ihre Materialträger können sein:

- Briefumschläge,
- Kartons, Verpackungsreste,
- Notizblöcke oder auch Packpapier,
- Mal- und Zeichenmaterialien: Farbkasten, Wachskreiden, Kugelschreiber, Filzstifte oder Buntstifte,
- Standardmaterialien für Collagen: Kleber, Schere, Fotos, Bücher, Zeitschriften, Buntpapiere, Tapetenreste und Naturmaterial. Die Arbeiten können unkompliziert ausgestellt werden (beispielsweise mit Wäscheklammern und Schnüren).

Nadja Glorius Kröger. Daily-Painting-Märchenbilder, 2011, Materialcollagen auf Papperesten.

Und das Daily-Painting-Projekt Wald kann starten…

Projektvorbereitung mit den Schülerinnen und Schülern

(in eigenverantwortlichen Teams)

- Durchführung einer vorbereitenden Exkursion in den Wald, um Fotos, Zeichnungen und weitere Materialien zusammenzustellen;
- Vorbereitung einer Projekt-Homepage und eines Galerie-Formates;
- Entwurf eines Projekt-Logos;
- evtl. Verlinkung mit einem sozialen Netzwerk;
- Festlegung der Motivbereiche des Daily-Paintings, z.B. Tiere, Insekten usw. – oder der sagenumwobene oder märchenhafte Wald;
- Planung des Projektvolumens, z.B. eine Woche tägliches Malen oder sogar einen Monat lang: Hier könnten sich SchülerInnen z.B. im Wechsel auf einen Wochentag festlegen;
- Vorbereitung eines Pressetextes, eines Textes für den Mail-Verteiler der Schule, Kontakte mit Pressestellen und lokalen Kulturinstitutionen;
- Vorbereitung der Abschlussausstellung.

Bilder von Melina Rössler. 2011, Daily-Painting-Vorbereitungen bzw. -Übungen.

Alexandra Pris:
Die Alte im Wald, 2011,
Aquarell, 29 x 20,5 cm.

Julia Jenderek:
Paderelfe, 2011,
Aquarell und Fineliner,
18 x 24 cm.

Annika Strathmann:
Gefangen im Baum, 2011,
Acryl auf Briefumschlag,
25 x 36 cm.

Aktuelles Plakat „Daily Painting Ostwestfalen-Lippe. Sagenhaft und geheimnisvoll…“ (Plakatgestaltung: Eva Christin Koch), 2012.

Quellenverzeichnis

Abbildungen:

Seite 115 Nadja Glorius Kröger. *Daily-Painting-Märchenbilder*, 2011. Mixed Media. Foto: Jutta Ströter-Bender.

Seite 116 Melina Rössler. *Daily-Painting-Vorbereitungen bzw. -Übungen*, 2011. Öl und Acryl. Fotos: Jutta Ströter-Bender.

Seite 117 *Die Alte im Wald*, 2011. Aquarell. Eigenes Werk: Alexandra Pris.

Seite 117 *Paderelfe,* 2011. Aquarell und Fineliner. Eigenes Werk: Julia Jenderek.

Seite 117 *Gefangen im Baum*, 2011. Acryl auf Briefumschlag. Eigenes Werk: Annika Strathmann.

UNESCO-Weltnaturerbe Alte Buchenwälder Deutschlands (Johanna Tewes)

Derzeit verfügt Deutschland mit der Grube Messel (1995), dem Wattenmeer (2009) und den Alten Buchenwäldern Deutschlands (2011) über drei von insgesamt 176 Naturgebieten, die von der UNESCO in die Liste der Weltnaturerbestätten aufgenommen wurden. Damit wird diesen Naturschutzgebieten ein außergewöhnlicher universeller Wert zugeschrieben, sowohl für gegenwärtige als auch für zukünftige Generationen, der nationale Grenzen durchdringt.

In Deutschland wurden im Juni 2011 fünf Buchenwaldgebiete in die Liste des UNESCO-Weltnaturerbes aufgenommen. Sie bestehen aus dem Grumsiner Forst in Brandenburg, dem Serrahner Buchenwald im Müritz-Nationalpark in Mecklenburg-Vorpommern sowie Teilen der Nationalparks Kellerwald-Edersee, Jasmund und Hainich in Thüringen.
Diese fünf deutschen Buchenwaldgebiete bilden als serielle Erweiterung zu den bereits 2007 von der UNESCO anerkannten Buchenurwäldern der Karpaten, die sich in zehn Gebieten über die Ukraine (sechs Teilgebiete) und die Slowakei (vier Teilgebiete) erstrecken, das grenzüberschreitende und trilaterale Weltnaturerbe "Buchenurwälder der Karpaten und alte Buchenwälder Deutschlands".

Das Welterbekomitee der UNESCO begründet die Anerkennung als Weltnaturerbe damit, dass die geschützten Buchenwaldgebiete

- die wertvollsten verbliebenen Reste naturnaher Tiefland-Buchenwälder darstellen, die es weltweit nur noch in Deutschland gibt,
- die unterschiedlichen Formen und Standorte und die biogeografische Geschichte der Buchenwälder in den gemäßigten Zonen der Nordhalbkugel repräsentieren,
- eine große Artenvielfalt beherbergen,
- mit einem hohen Anteil an alten Bäumen, stehendem sowie liegendem Totholz und natürlichen Höhlen einen idealen Lebensraum für Höhlenbrüter, Fledermäuse und viele andere Lebewesen, die hier Brutraum und Unterschlupf finden, bieten.

Somit ist der Buchenwald ein rein europäisches Phänomen, das in einem einmaligen und immer noch andauernden ökologischen Prozess die Geschichte der Waldentwicklung in Europa, nach dem Ende der Eiszeit vor etwa 7000 Jahren, entscheidend geprägt hat. Dabei hat es die Rotbuche als einzelne, überaus anpassungsfähige Baumart geschafft, die Wald- und Ökosystembildung in weiten Teilen eines ganzen Kontinents aus sich heraus und aufgrund ihres üppigen, viel Schatten werfenden Laubdachs auf großer Fläche zu dominieren.

Eiszeitliche Blockhalde im Nationalpark Kellerwald-Edersee. (Foto: Corinna Pott)

Nationalparks und Nationalparkbewegung in Deutschland (Sabrina Zimmermann)

Mit dem Yellowstone-Gebiet wurde erstmalig 1872 in den USA eine Naturlandschaft als Nationalpark unter Schutz gestellt. Heute existieren mehr als 2000 Nationalparks in über 120 Ländern auf fünf Kontinenten. Als erstes europäisches Land erklärte Schweden 1909 neun Gebiete zu Nationalparks. In Deutschland dauerte es allerdings bis in das Jahr 1970 – dem ersten „Europäischen Naturschutzjahr“ – bis der Bayerische Wald zum ersten deutschen Nationalpark ernannt wurde. Mittlerweile gibt es in Deutschland 14 Nationalparks mit einer Gesamtfläche von 1.029.496 ha.

Nationalparks repräsentieren in Deutschland ein nationales Naturerbe. Die Ausweisung bestimmter Gebiete als Nationalpark erfolgt dabei durch die Bundesländer, in Absprache mit dem Bundesministerium für Umwelt. Die Gebiete sind einheitlich zu schützende Areale, die

- großräumig, weitgehend unzerschnitten und von besonderer Eigenart sind,
- in einem überwiegenden Teil ihres Gebiets die Voraussetzungen eines Naturschutzgebiets erfüllen und
- sich in einem überwiegenden Teil ihres Gebiets in einem vom Menschen nicht oder wenig beeinflussten Zustand befinden oder geeignet sind, sich in einen solchen Zustand zu entwickeln oder in eben einen Zustand entwickelt zu werden, der einen möglichst ungestörten Ablauf der Naturvorgänge in ihrer natürlichen Dynamik gewährleistet.

Nationalparks sind also Gebiete, in denen die Eigengesetzlichkeiten der Natur bewahrt und Rückzugsgebiete für wildlebende Pflanzen und Tiere geschaffen werden. Infolgedessen sind sie unverzichtbar für die Biodiversität. Nationalparks eröffnen einmalige Erlebnisräume von Natur und bewahren gleichzeitig Erfahrungsräume für Umwelt- und naturkundliche Bildung und Forschung. Gleichzeitig erhöhen sie die Attraktivität ihrer Region und tragen zu ihrer wirtschaftlichen Entwicklung bei.

Die meisten der derzeit bestehenden deutschen Nationalparks sind noch „Entwicklungs-Nationalparks“, die erst in Teilen die Kriterien für eine großflächige, ungestörte Naturentwicklung erfüllen. Durch festgelegte Steuerungsmaßnahmen sollen innerhalb von 20 bis 30 Jahren nach der Ausweisung der Parks die Voraussetzungen geschaffen werden, damit künftig in einem überwiegenden (nach EUROPARC und IUCN mind. 75 %) Flächenanteil der Gebiete den natürlichen und dynamischen Abläufen in der Natur Vorrang eingeräumt werden kann. Die Gebiete dürfen dabei keiner dem Schutzzweck entgegenstehenden Nutzung unterliegen. Zudem müssen die Gebiete großflächig genug sein, um eines oder mehrere vollständige Ökosysteme zu umfassen.

Wanderung im Kellerwald. (Foto: Jutta Ströter-Bender)

Nationalparks in Deutschland (Stand Januar 2012)

Nationalpark	Jahr
Bayerischer Wald (Bayern)	1970
Berchtesgaden (Bayern)	1978
Schleswig-Holsteinisches Wattenmeer (Schleswig-Holstein)	1985
Niedersächsisches Wattenmeer (Niedersachsen)	1986
Hamburgisches Wattenmeer (Hamburg)	1990
Jasmund (Mecklenburg-Vorpommern)	1990
Harz (Sachsen-Anhalt/Niedersachsen)	1990/94
Sächsische Schweiz (Sachsen)	1990
Müritz-Nationalpark (Mecklenburg-Vorpommern)	1990
Vorpommersche Boddenlandschaft (Mecklenburg-Vorpommern)	1990
Unteres Odertal (Brandenburg)	1995
Hainich (Thüringen)	1997
Eifel (Nordrhein-Westfalen)	2004
Kellerwald-Edersee* (Hessen)	2004

** Seit 2011 UNESCO Weltnaturerbe Alte Buchenwälder Deutschlands*

Im Nationalpark Kellerwald-Edersee. (Foto: Corinna Pott)

Quellenverzeichnis

Abbildungen:

Seite 120 *Eiszeitliche Blockhalde im Nationalpark Kellerwald-Edersee,* 2011. Foto: Corinna Pott.
Seite 121 *Wanderung im Kellerwald,* 2010. Foto: Jutta Ströter-Bender.
Seite 122 *Im Nationalpark Kellerwald-Edersee,* 2011. Foto: Corinna Pott.

Internetquellenverzeichnis:

Bundesamt für Naturschutz: Nationalparks. Online verfügbar unter:
http://www.bfn.de/0308_nlp.html (Stand: Januar 2012), (abgerufen am: 13.02.2012).

Deutsche UNESCO-Kommission: Alte Buchenwälder Deutschlands. Online verfügbar unter URL:
http://www.unesco.de/buchenwaelder.html?&L=0 (Stand: 07.09.2011), (abgerufen am: 15.11.2011).

EUROPARC Deutschland – Dachverband der Nationalparks: UNESCO-Biosphärenreservate und Naturparks. Online verfügbar unter: *http://www.europarc-deutschland.de/faq* (Stand: 2009), (abgerufen am: 13.02.2012).

EUROPARC Deutschland (Hrsg.) (2002): Nationalparks in Deutschland. Naturerbe bewahren – Natur erleben. Online verfügbar unter:
http://www.europarc-deutschland.de/dateien/Nationalparke.pdf (abgerufen am: 12.02.2012)

Weltnaturerbe Buchenwälder:
URL: *http://weltnaturerbe-buchenwaelder.de/de/unesco-welterbe/hintergrund.html?PHPSESSID=b4dfcca73a7e375099581f2a967b67bb* (abgerufen am 12.02.1012)

Verzeichnis der AutorInnen

Regina Bökamp, studiert an der Universität Paderborn die Fächer Kunst und Geschichte für das Lehramt an Gymnasien und Gesamtschulen

Oxana Buk, studiert an der Universität Paderborn die Fächer Kunst und Geschichte für das Lehramt an Gymnasien und Gesamtschulen

Valérie Dezes, studiert an der Universität Paderborn die Fächer Kunst und Pädagogik für das Lehramt an Gymnasien und Gesamtschulen

Ilona Glade Dipl.-Ing. (FH/RUS), Doktorandin im Fachbereich Kunst an der Universität Paderborn, aktuelles Forschungsfeld „Kulturelle Phänomene der Kaminkultur“

Dr. phil. Nina Hinrichs, Dozentin und Prüfungsbeauftragte an der Universität Paderborn, koordiniert eine wissenschaftliche Nachwuchsgruppe bei Frau Prof. Dr. Jutta Ströter-Bender, im Rahmen ihres Postdoc-Stipendiums der Universität Paderborn analysiert sie historische Sehweisen auf das Weltnaturerbe Wattenmeer in der Kunst des 17. bis 20. Jahrhunderts

Diana Köckerling, studierte von 2005 bis 2010 Kunst und Englisch für das Lehramt an Gymnasien und Gesamtschulen an der Universität Paderborn, promoviert derzeit zum Lebenswerk der Künstlerin Susanne Wenger, Wissenschaftliche Mitarbeiterin bei Frau Prof. Dr. Jutta Ströter-Bender an der Universität Paderborn im Fachbereich Kunst

Dr. Karen Meetz, Studium der europäischen Kunstgeschichte, der neueren Germanistik und Urbanistik, 1993 Promotion an der Universität Bonn, 2006-2010 wissenschaftliche Mitarbeiterin im Fachgebiet Textiles Gestalten an der Universität Osnabrück, forscht zum Alltagsleben im Spiegel europäischer Kunst und Kulturgeschichte

Valentina Neumann, studiert an der Universität Paderborn die Fächer Kunst, Textil und Deutsch für das Lehramt an Haupt-, Real- und Gesamtschulen

Corinna Pott, studiert an der Universität Paderborn die Fächer Germanistik und Kunst für das Lehramt an Gymnasien und Gesamtschulen, betreut als Studentische Hilfskraft am Lehrstuhl von Frau Prof. Dr. Ströter-Bender u.a. die Museumskoffer-Seminare, Lektorin der Internetzeitschrift *World Heritage and Arts Education*

Dr. Aletta Seiffert, Klassische Archäologin, Themenschwerpunkte ihrer Forschungen liegen in der Kult- und Kulturgeschichte der griechischen Antike, promovierte über den sakralen Grenzschutz im antiken Griechenland, zuletzt als Kustodin im Badischen Landesmuseum in Karlsruhe tätig

Prof. Dr. Jutta Ströter-Bender, lehrt Kunst, Malerei und Kulturerbe-Vermittlung am Institut „Kunst und Textil“ der Universität Paderborn, zahlreiche Veröffentlichungen zum Kulturerbe wie zur interkulturellen Kunstpädagogik, Mitglied der Forschungsgruppe World Heritage Education. Herausgeberin der Zeitschrift World Heritage and Arts Education

Ariane Temme, Kunstpädagogin und Bildende Künstlerin mit zahlreichen Ausstellungen in der Region Ostwestfalen

Johanna Tewes, studierte 2003-2008 Germanistik, Kunst und Geschichte für das Lehramt an Gymnasien und Gesamtschulen an der Universität Paderborn, 2008-2011 Wissenschaftliche Mitarbeiterin und Lehrbeauftragte im Fachbereich Kunst an der Universität Paderborn, derzeit Studienreferendarin an der IGS Friedrichsort in Kiel, promoviert parallel bei Frau Prof. Dr. Jutta Ströter-Bender im Bereich Kunstpädagogik

Katrin Thiessen, studiert an der Universität Paderborn die Fächer Kunst, Hauswirtschaft und Germanistik für das Lehramt an Haupt-, Real- und Gesamtschulen, betreut als Studentische Hilfskraft bei Frau Prof. Dr. Jutta Ströter-Bender u.a. das Tutorium zum Daily Painting (Malerei)

Nataly Vellmer, studiert an der Universität Paderborn die Fächer Kunst und Englisch für das Lehramt an Gymnasien und Gesamtschulen

Marlon von Rüden, studiert an der Universität Paderborn die Fächer Kunst und Pädagogik für das Lehramt an Gymnasien und Gesamtschulen

Sabrina Zimmermann, studiert an der Universität Paderborn die Fächer Kunst und Germanistik für das Lehramt an Gymnasien und Gesamtschulen, betreut als Studentische Hilfskraft bei Frau Prof. Dr. Jutta Ströter-Bender u. a. die Tutorien zum Daily Painting (Malerei) und zu den Museumskoffern